Judith Barben

Kinder im Netz
globaler Konzerne

Judith Barben

Kinder im Netz
globaler Konzerne

**Der Lehrplan 21 als
Manipulationsinstrument**

Für eine verantwortungsvolle
und ehrliche Diskussion über die
Aufgabe unserer Volksschule

Eikos

© 2018 Eikos Verlag, CH-5400 Baden

Alle Rechte vorbehalten
verlag@eikos.ch

www.eikos.ch
eikôs (griechisch):
hohe Glaubwürdigkeit,
hoher Grad des Vertrauens
(nach Platon)

Gestaltung: R. Hofmann
Druck: OK Digitaldruck AG, Zürich
ISBN 978-3-9524324-2-6

*Ich danke all jenen,
die mich während der Arbeit
an diesem Buch in vielfältiger Weise
inspiriert, ermutigt und unterstützt haben.*

Inhalt

Einleitung

In meiner rund vierzigjährigen Tätigkeit als Primarlehrerin, Kleinklassenlehrerin, Heilpädagogin, Psychologin und Psychotherapeutin hatte ich Gelegenheit, die Schweizer Volksschule aus verschiedenen Blickwinkeln und über einen langen Zeitraum kennenzulernen. In allen meinen Tätigkeiten konnte ich mich von der hervorragenden Qualität unserer Volksschule überzeugen – gerade auch im Hinblick auf die ausgewogene Förderung aller Schüler. Gleichzeitig sah ich die Auswirkungen der «Schulreformen», die seit den 1990er Jahren stattfinden.

Mit vielen dieser «Schulreformen» wurden bewährte pädagogische Prinzipien aufgegeben. So wurde dem soliden Vermitteln von Grundlagen wie Lesen, Schreiben und Rechnen und von Grundhaltungen wie Sorgfalt, Rücksichtnahme und Pflichtgefühl immer weniger Bedeutung beigemessen, während es zunehmend wichtiger wurde, dass Schüler «selbstverantwortlich» lernen und dabei «Spass» haben. Fehler zu korrigieren wurde zunehmend verpönt.

Die Versprechen, die jeweils bei der Einführung der «Schulreformen» gemacht wurden, haben sich selten erfüllt. Im Gegenteil: Viele «Reformen» führten zu schlechteren statt zu besseren Bildungschancen. Deshalb wird der Begriff «Reform» in diesem Buch meist in Anführungszeichen gesetzt.

Aufgrund der dauernden «Reformen», die seit Jahrzehnten ablaufen, hat das Leistungsniveau unserer Volksschule bereits erheblich gelitten. Viele Schüler sind heute nicht mehr in der Lage, einen Satz fehlerfrei zu schreiben, flüssig zu lesen oder eine simple Rechenaufgabe erfolgreich zu bewältigen. Kopfrechnen, Prozentrechnen, Rechtschreibung oder das Verfassen und Verstehen von Texten fällt Schulabgängern zunehmend schwer. Dies berichten Lehrmeister, Berufsschullehrer und andere Lehrer weiterführender Schulen. Den Jugendlichen fehlen immer mehr Grundlagen, die sie eigentlich aus der Volksschule mitbringen müssten.

In der Schweiz war die Volksschule immer eine Sache aller. Echten Reformen, welche diesen Namen verdienen, verschliessen sich die Schweizerinnen und Schweizer nicht. Doch wollen sie korrekt und ausgewogen darüber informiert werden. Entgegen diesem Grundsatz wurden in den vergangenen Jahren tiefgreifende Veränderungen der Schule beschlossen wie die Abschaffung zentraler Bildungsinhalte, ohne dass die Öffentlichkeit davon Kenntnis hatte.

Und nun wird uns – nach bald dreissig Jahren «Dauerreform» – ein «Lehrplan 21» für die gesamte Deutschschweiz vorgelegt. Entgegen der verbreiteten Erwartung, dieser werde die Fehlentwicklungen der vergangenen Jahre korrigieren, öffnet er weiteren «Schulreformen» Tür und Tor. Grundpfeiler wie Jahrgangsklassen, Jahresziele, systematischer Stoffaufbau und der bewährte Kindergarten würden verschwinden, falls der «Lehrplan 21» umgesetzt wird.

Kinder können sich gegen Fehlentwicklungen nicht wehren. Das müssen wir Erwachsene für sie tun. Als Eltern, Lehrer, Grosseltern und Bürger haben wir die Pflicht, fehlgeleiteten «Schulreformen» entgegenzusteuern und das Bewährte unserer Volksschule zu erhalten. Denn die heutigen Schüler haben genauso ein Recht auf gute Schulbildung wie frühere Generationen.

Im ersten Teil dieses Buches werden die Grundzüge unserer Volksschule dargestellt. Im zweiten Teil geht es um die genannten «Schulreformen», während der dritte Teil deren Hintergründe beleuchtet. Der vierte Teil behandelt den «Lehrplan 21» und im «Ausblick» wird darüber nachgedacht, wie unsere Volksschule wieder zu einer Schule des Volkes werden kann, die allen Kindern gute Bildungschancen ermöglicht.

Die Informationen zu diesem Buch stammen aus eigener Erfahrung, aus Berichten von Lehrern, Schülern und Eltern sowie aus Fachliteratur, diversen schriftlichen Quellen und Medienberichten. Die Fussnoten enthalten neben Quellenangaben auch ergänzende Informationen. Zur besseren Lesbarkeit wird bei Personenbezeichnungen in der Regel die männliche Form verwendet, wenn beide Geschlechter gemeint sind. Viereckige Klammern in Zitaten bedeuten Auslassungen oder Ergänzungen.

Mit diesem Buch hoffe ich zur positiven Weiterentwicklung unserer Volksschule beizutragen und andere zu ermutigen, sich ebenfalls aktiv in die Bildungsdebatte einzubringen.

I. Grundlagen der Volksschule

1. Die Bedeutung der Kulturtechniken

Da die Erhaltung der Kulturtechniken Lesen, Schreiben und Rechnen durch gewisse «Schulreformen» gefährdet wird, soll ihre historisch gewachsene Bedeutung nachgezeichnet werden.

Seit einigen Jahrtausenden wird das gesamte Wissen der Menschheit in Form von Schrift und Zahlen niedergelegt. Der Fortbestand unserer Kultur hängt davon ab, dass die Menschen lesen, schreiben und rechnen können. Gehen diese Fähigkeiten verloren, sind die Menschen vom Wissen ihrer Vorfahren und von ihrer Kultur abgeschnitten. Sie verlieren ihre Wurzeln und werden dadurch leichter manipulierbar. Deshalb muss die Volksschule allergrössten Wert auf die solide Vermittlung der Kulturtechniken Lesen, Schreiben und Rechnen legen. «Schulreformen», die diese Aufgabe vernachlässigen, sind abzulehnen.

Entstehung der Schrift und der Zahlen

In unserem Kulturkreis entstanden die ersten Schriftzeichen und Zahlen vor rund 5 000 Jahren. In den antiken Hochkulturen des Mittelmeerraums wurden sie dazu verwendet, um die damaligen Reiche zu verwalten, Felder und Äcker einzuteilen, Bewässerungssysteme anzulegen, Kornvorräte zu bewirtschaften, religiöse Bräuche zu pflegen, Handel zu treiben, Bauten zu errichten und weitere Aufgaben zu erfüllen.

Als erste erfanden die Sumerer in Mesopotamien (heute Irak) die Keilschrift. Sie drückten oder ritzten diese Zeichen mit Stäbchen in Tontafeln und Steinplatten. Die sumerische Keilschrift wurde von den alten Ägyptern zu den Hieroglyphen weiterentwickelt, bildhaften Schriftzeichen, die mit Pinsel und Tinte auf Papyrusrollen gemalt wurden. Die Phönizier im östlichen Mittelmeergebiet (heute Libanon, Syrien und Israel) benutzten erstmals eine Lautschrift.

Im antiken Griechenland entstand daraus um etwa um 1500 vor Christus die erste eigentliche Buchstabenschrift: Das griechische Alphabet war erfunden. Es wurde von den Römern übernommen und bildet die Grundlage unserer heutigen Schriften in Europa.[1]

Erfindung der Schreibschrift

In der römischen Antike entstand zusätzlich die Schreibschrift (römische Kursivschrift), die vor allem im Alltag eingesetzt wurde. Weil die Buchstaben der Kursivschrift miteinander verbunden und schräg gestellt waren, konnte man damit viel schneller und flüssiger schreiben als mit der unverbundenen, aufrechten Blockschrift. Die Bezeichnung Kursivschrift geht auf das lateinische Wort «currere» für «laufen, rennen, eilen» zurück.[2]

Erst im späten Mittelalter wurde wieder vermehrt im Alltag geschrieben, vor allem in Handel, Wissenschaft und Verwaltung. Eine neue Kursivschrift entstand. Diese ist die Grundlage unserer heutigen Schreibschriften – auch der «Schweizer Schulschrift», der sogenannten «Schnürlischrift». Diese dynamische und formschöne Schrift wurde von Graphikern und Pädagogen entwickelt und fördert einen raschen und geschmeidigen Schreibfluss. Wird sie in der Primarschule mit der nötigen Sorgfalt unterrichtet und regelmässig geübt, formt sie sich mit den Jahren zur unverwechselbaren persönlichen Handschrift des Erwachsenen.

Lesen als Bildungsgut

Auch das Lesen muss regelmässig geübt werden. Die Auswahl von Lesetexten für die Volksschule ist sorgfältig zu treffen. Die

---

[1] Faulmann Carl: Schriftzeichen und Alphabete aller Zeiten und Völker. Freiburg 2006; Haarmann Harald: Weltgeschichte der Zahlen. München 2008

[2] A.a.O.

Inhalte sollten an der Erfahrungswelt der Schüler anknüpfen und diese auf konstruktive Weise erweitern. Themen wie Familie, Freundschaft, Überwindung und Mut, Bewährung und Treue, Natur, Tiere, Beruf oder Technik sprechen die Schüler an und bereiten sie auf das Leben vor.

Der Inhalt der Texte erschliesst sich den Schülern bei der gemeinsamen Lektüre in der Schulklasse. Immer wieder hält man inne und spricht über das Gelesene. Die Schüler wiederholen es, fassen es zusammen, beantworten Fragen dazu und bringen eigene Gedanken und Erlebnisse dazu ein. So wird die Lesefähigkeit gestärkt, der Wortschatz erweitert und der Realitätssinn gefestigt. Denn bei der Wiederholung des Gelesenen muss der Inhalt realitätsgetreu wiedergegeben werden. In Schulklassen, in denen regelmässig gelesen wird, erwacht bei vielen Schülern die Lesefreude und sie beginnen, selbst Bücher zu lesen.

Systematik des Rechnens

Für den Aufbau des geordneten Denkens ist das Rechnen zentral. Im Rechenunterricht werden die Kinder Schritt für Schritt in die Welt der Zahlen eingeführt. Der folgerichtige und logische Aufbau, stets fortschreitend vom Bekannten zum Neuen, ist von Anfang an einzuhalten. Der Zahlenbegriff muss sorgfältig aufgebaut werden. Dabei ist der Zehnerübergang grundlegend. Auch hat es sich bewährt, den Zahlenraum jedes Jahr um eine Null zu erweitern: In der ersten Klasse wird bis 20 gerechnet, in der zweiten bis 100, in der dritten bis 1 000 und so weiter. Alle einzelnen Lernschritte müssen sorgfältig aufgebaut und geübt werden. Da diese Systematik in der Schweiz immer beachtet wurde, gehörten Schweizer Schüler in internationalen Vergleichsstudien in der Mathematik stets zu den Besten.[3]

---

[3] Bestnoten für Schweizer Schüler im Fach Mathematik. Neue Zürcher Zeitung, 06.12.2016

2. Johann Heinrich Pestalozzi – aktueller denn je

Der wichtigste Vordenker der Schweizer Volksschule ist der Pädagoge und Sozialreformer Johann Heinrich Pestalozzi (1746–1827). Vor mehr als zweihundert Jahren setzte er sich dafür ein, dass alle Kinder – arme und reiche, Kinder aus Stadt und Land, Mädchen und Knaben – eine gemeinsame schulische Ausbildung erhalten. Der Gedanke einer allgemeinen Volksbildung war damals neu und revolutionär.

Gleiche Bildung für alle

Pestalozzi war überzeugt, dass allen Kindern – unabhängig von ihrer sozialen Herkunft – das gleiche Recht auf Bildung zusteht, weil alle «die gleiche Menschennatur» hätten. Diese Volksbildung müsse, so Pestalozzi, eine sittlich-religiöse, eine intellektuell-geistige und eine manuell-praktische Bildung zugleich sein – eine Bildung von «Kopf, Herz und Hand», wie er es ausdrückte. Auch solle sie die Jugend auf ihre zukünftigen Aufgaben in Familie, Beruf und Gesellschaft vorbereiten.[4]

Gemüts- und Sozialbildung

Die Basis von Pestalozzis Volksschulpädagogik war die Gemüts- und Sozialbildung. Es sei zentral, betonte er, dass sich die Schüler beim Lehrer aufgehoben fühlten und auf ihn ausgerichtet seien. Auch müssten sie beim sozialen Umgang miteinander angeleitet werden, denn die Verbundenheit in der Klassengemeinschaft und mit dem Lehrer sei die wichtigste Voraussetzung für das Lernen.[5]

Anschaulichkeit und Systematik

Grossen Wert legte Pestalozzi bei den Unterrichtsmethoden auf Anschaulichkeit. Ausgehend von der «Anschauung» müssten

---

[4] Pestalozzi Johann Heinrich: Auseinandersetzung mit Pfarrer Witte. Sämtliche Werke, Band 17A. Zürich 1973, S. 161 ff.

[5] Pestalozzi Johann Heinrich: Stanser Brief (1799). Gesammelte Werke, Band 9. Zürich 1947, S. 1ff.

dic Kinder sich richtige und klare Vorstellungen von den Dingen machen. Denn alle Erkenntnis gehe von der sinnlich wahrnehmbaren Realität aus und müsse auf sie bezogen bleiben.

Weiter unterstrich Pestalozzi die Bedeutung eines systematischen Stoffaufbaus – beginnend beim Einfachen und fortschreitend zum Schwierigen. Durch ein solch planmässige Vorgehen würden die Verstandes- und Gemütskräfte der Kinder am besten gefördert. Mit Fächern wie Turnen, Musik, Zeichnen, Handarbeit und Hauswirtschaft wollte er zudem die praktisch-handwerklichen, kreativen und körperlichen Fähigkeiten der Kinder fördern.[6] Der ganzheitliche Ansatz Pestalozzis fand internationale Wertschätzung und Anerkennung.[7] Auch Länder wie Deutschland, Frankreich und England orientierten sich an Pestalozzis Methoden.[8]

Pestalozzis Menschenbild

Der Pädagogik Pestalozzis liegt ein umfassendes Verständnis vom Menschen zugrunde, das im antiken, christlichen und aufgeklärten Denken unserer Kultur wurzelt.[9] In dieser Denktradition verstand er den Menschen als soziales Wesen, erziehbar und erziehungsbedürftig, fähig zu Vernunft und Ethik und damit zu verantwortungsvollen Willensentscheiden. Dieses Menschenbild wurde in vielen Aspekten durch die wissenschaftlichen Erkenntnisse der Psychologie und Anthropologie bestätigt.[10] Insbesondere die Auffassung, dass der Mensch sozial und erziehungsbedürftig sei, entspricht den Befunden

---

[6] Pestalozzi Johann Heinrich: Wie Gertrud ihre Kinder lehrt. Ein Versuch, den Müttern Anleitung zu geben, ihre Kinder selbst zu unterrichten (1801). Gesammelte Werke, Band 9. Zürich 1947, S. 47ff.

[7] Liedtke Max: Johann Heinrich Pestalozzi in Selbstzeugnissen und Bilddokumenten. Reinbek bei Hamburg 1976, S. 126f., 129f., 138f., 141–151

[8] Silber Käthe: Pestalozzi – der Mensch und sein Werk. Heidelberg 1957

[9] Litt Theodor: Der lebendige Pestalozzi. Heidelberg 1966

[10] Adler Alfred: Psychotherapie und Erziehung. Frankfurt am Main 1982; Portmann Adolf: Biologie und Geist. Berlin 1985

der empirischen Entwicklungspsychologie und Lerntheorie.[11]
Pestalozzis Sicht des kindlichen Lernens ist bis heute modern
und aktuell.

Urkunde zur Ernennung Pestalozzis zum Mitglied der Königlichen Akademie der Wissenschaften in München, Juli 1808 (Quelle: Soëtard Michel: Johann Heinrich Pestalozzi, Zürich 1987)

---

[11] Bowlby John: Frühe Bindung und kindliche Entwicklung. München 2001; Bandura Albert: Social Cognitive Theory of Moral Thought and Action. In: Kurtines William M. & Gewirtz Jacob L. (eds.): Handbook of Moral Behavior and Development. Vol. 1. New Jersey 1991, pp. 45–103

3. Das Schweizer Bildungswesen – ein Erfolgsmodell

Auf der Grundlage von Pestalozzis Bildungsverständnis wurde in der Schweiz ein Schulwesen aufgebaut, das weltweit einzigartig ist. Es ermöglicht allen Kindern den gleichen Zugang zur Bildung und ist zudem auf allen Stufen – vom Kindergarten bis zur Hochschule – von höchster Qualität.

Hohes Niveau und Chancengleichheit

Das Niveau unseres Bildungswesens wurde in internationalen Vergleichsstudien immer wieder bestätigt. So verglich eine Untersuchung aus Princeton (USA) 1992 die Leistungen von dreizehnjährigen Schülern aus 20 Ländern in Mathematik und in den Naturwissenschaften. In dieser Untersuchung erreichten die Schüler aus der Schweiz Spitzenplätze. Lediglich die Teilnehmer aus Korea, Taiwan und China waren noch besser, doch waren in den asiatischen Ländern die Unterschiede zwischen guten und schlechten Schülern beträchtlich. Bei den Schweizer Schülern hingegen waren diese Unterschiede gering. Daraus zogen die US-Forscher den Schluss, dass eine «ausgewogene Förderung aller Schweizer Schüler […] gewährleistet» sei.[12]

Obwohl aufgrund der erwähnten «Schulreformen» das Niveau der Schweizer Volksschule abgenommen hat, ist es im internationalen Vergleich immer noch hoch. Auch heute noch gibt es überdurchschnittlich viele hochqualifizierte junge Menschen in der Schweiz.

Rekordtiefe Jugendarbeitslosigkeit

Eine zentrale Errungenschaft unseres Bildungswesens ist das duale Berufsbildungssystem. Es ist ein Hauptgrund für die rekordtiefe Jugendarbeitslosigkeit der Schweiz. Marie Avet, Mediensprecherin des Staatssekretariats für Wirtschaft des Bundes (Seco), unterstreicht:

---

[12] Schweizer Schüler gehören weltweit zu den Besten. Tages-Anzeiger, 07.02.1992

«Die parallele Ausbildung in Betrieb und Berufsschule gehört zu unseren Stärken.» – «Darum ist auch unsere Jugendarbeitslosigkeit tief.»[13]

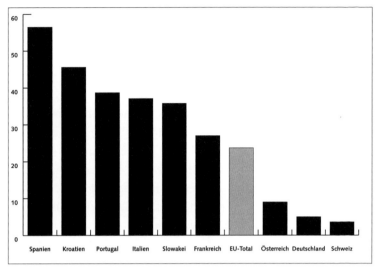

Jugendarbeitslosigkeit in der Schweiz im Vergleich mit EU-Ländern
(Quelle: SRF News, 08.01.2013)

Der Soziologe Ben Jann vom Institut für Soziologie an der Universität Bern ergänzt:

> *«Das Schweizer System verzahnt die Praxis und Theorie – und das bereits während der Ausbildung [...]. Mit einer Berufslehre im Rucksack stehen viele Wege offen [...]. Damit die Jugendarbeitslosigkeit weiterhin so tief bleibt [...], [müssen wir] am dualen Ausbildungssystem festhalten [...]. Eine zu starke Akademisierung der Ausbildung sollte verhindert werden.»[14]*

Einen wichtigen Beitrag zum hohen Niveau der Schweizer Berufsbildung leisten auch die Lehrmeister in den Betrieben. Nicht wenige von ihnen fördern ihre Lehrlinge auch schulisch,

---

[13] Warum hierzulande so wenig Jugendliche arbeitslos sind. SRF News, 08.01.2013
[14] A.a.O.

um ihnen gute Abschlüsse zu ermöglichen, indem sie etwa am freien Samstag mit ihnen stoffliche Lücken füllen.

Schweizer Lehrlinge an der Weltspitze

An den zweijährlich stattfindenden Lehrlingsweltmeisterschaften «World-Skills» gehören die Schweizer regelmässig zu den Besten. So brillierten die jungen Schweizer an der Lehrlingsweltmeisterschaft von 2013 in Leipzig mit 17 Medaillen (Gold, Silber und Bronze) und 18 Diplomen. Mit diesem Ergebnis wurde die Schweiz mit Abstand europäischer Spitzenreiter und erreichte weltweit den zweiten Platz.[15]

An der «World-Skills» von 2015 in São Paulo eroberten die jungen Schweizer erneut Spitzenplätze. Ein 19jähriger Informatiker aus St. Gallen setzte sich gegen mehrere hundert Konkurrenten aus der ganzen Welt durch und wurde Weltmeister.[16] Insgesamt trug das Schweizer Team 2015 eine Gold-, sieben Silber- und fünf Bronzemedaillen sowie 22 Diplome nach Hause. Damit bewies es einmal mehr den Erfolg unseres Bildungssystems.

2017 erreichte das Schweizer Team in Abu Dhabi die beste Schweizer «World-Skills»-Bilanz aller Zeiten. Es gewann elf Gold-, sechs Silber- und drei Bronzemedaillen. Damit war die Schweiz mit Abstand die beste europäische Nation und belegte nach China international den zweiten Platz.[17] Die weltgrösste Volkswirtschaft hingegen, die USA, gewann keine einzige Medaille.[18]

Im Unterschied zu den Nationen aus Asien und Südamerika, die ihre Kandidaten während Jahren intensiv auf die

---

[15] Die Schweiz holt im Gastro-Bereich zweimal Edelmetall. www.hotelgastro.ch, 27.07.2013

[16] St. Galler IT-Lehrling gewinnt Goldmedaille. 20 Minuten, 17.08.2015

[17] Beste Schweizer WorldSkills-Bilanz aller Zeiten. www.swiss-skills.ch, 22.10.2017

[18] Golden China dominates the medal table at the end of WorldSkills Abu Dhabi 2017. The National, 20.10.2017 (englischsprachige Tageszeitung der Vereinigten Arabischen Emirate in Abu Dhabi)

«World-Skills» vorbereiten, absolvieren die Schweizer Teilnehmer normale Berufslehren und bereiten sich nur während eines halben Jahres hauptsächlich in der Freizeit auf die Weltmeisterschaften vor.[19] Um so bemerkenswerter ist ihr Erfolg.

Nobelpreise und Wettbewerbsfähigkeit

Ein weiterer Beleg für unser immer noch erfolgreiches Bildungswesen ist die Innovationsfreudigkeit der Schweiz. Europaweit melden Schweizer pro Kopf der Bevölkerung die meisten Patente an. Laut dem Europäischen Patentamt lag die Zahl der Patentanträge von Schweizern pro Einwohner in den Jahren 2012 und 2015 gesamteuropäisch an der Spitze.[20] Die «Neue Zürcher Zeitung» zieht daraus den Schluss:

> *«Keine andere europäische Nation ist derart innovationsfreudig.»[21]*

Ein weiterer Massstab für Innovationsfähigkeit ist der «Global Innovation Index». Er vergleicht jährlich 127 Länder bezüglich ihrer Innovationsfähigkeit. Auf diesem Index belegte die Schweiz 2017 zum siebten Mal in Folge den ersten Platz.[22]

Auch die Anzahl der Nobelpreisträger pro Kopf der Bevölkerung ist bei uns einmalig hoch. Kein anderes Land der Welt hat – gemessen an der Einwohnerzahl – so viele Nobelpreisträger wie die Schweiz. Seit der Gründung des Nobelpreises im Jahr 1901 durften 25 Schweizer diese höchste wissenschaftliche Ehrung entgegennehmen.[23] Zuletzt war dies am 4. Oktober 2017 der Fall, als der Waadtländer Biochemiker Jacques

---

[19] Berufsweltmeisterschaften: Unser Team in Abu Dhabi. Luzerner Zeitung, 10.10.2017

[20] Schweizer sind patentfreudigste Europäer. Neue Zürcher Zeitung, 07.03.2013

[21] Patentfreudige Schweizer. Mit Abstand Nummer 1 in Europa. Neue Zürcher Zeitung, 04.03.2016

[22] Dieser Index wird von der Uno in Kooperation mit der Cornell Universität New York und der «Insead Business School of the World» erhoben. Global Innovation Index 2017 (year of report 2016)

[23] Die Schweiz im Nobel-Boom. SWI swissinfo.ch, 23.07.2009

Dubochet den Nobelpreis für seine bedeutenden biowissenschaftlichen Forschungen erhielt.[24]

Die gute Ausbildung der Schweizer ist rund um den Globus bekannt. Schweizer Arbeitskräfte sind wegen ihren soliden Fähigkeiten und Kenntnissen, ihrer Zuverlässigkeit und Kompetenz gesucht und geschätzt. Dies gilt auch für die Wissenschaft. So ernannte die amerikanische Weltraumbehörde Nasa 2016 den Astrophysiker Thomas Zurbuchen aus dem Kanton Bern zu ihrem obersten wissenschaftlichen Direktor.[25]

Die wirtschaftliche Wettbewerbsfähigkeit ist eine weitere Stärke der Schweiz. Laut einem internationalen Ranking des World Economic Forum (WEF) ist die Schweiz das wettbewerbsfähigste Land der Welt. Sie belegte im Jahr 2017 zum neunten Mal in Folge den ersten Platz auf diesem Ranking.[26] Ein Grund dafür ist neben der ausgezeichneten Infrastruktur unser hochentwickeltes Bildungssystem.[27]

Schweizer Schulen im Ausland

Auch die Schweizer Schulen im Ausland geniessen einen ausgezeichneten Ruf. Ursprünglich wurden sie für die Kinder von Auslandschweizern aufgebaut, um diesen bei der Rückkehr in die Schweiz einen lückenlosen schulischen Anschluss zu ermöglichen. Inzwischen werden sie zunehmend auch von den Eliten der Gastländer genutzt. Diese wissen, dass die Ausbildung in einer Schweizer Schule eine ausgezeichnete Grundlage für die Zukunft bietet.[28]

---

24 Chemienobelpreis für einen Schweizer. Neue Zürcher Zeitung, 05.10.2017
25 Nasa – Schweizer wird Wissenschaftsdirektor. Neue Zürcher Zeitung, 28.09.2016
26 Die Schweiz brilliert. Erster Platz im WEF-Ranking. Neue Zürcher Zeitung, 27.09.2017
27 Die Schweiz bleibt an der Spitze. Neue Zürcher Zeitung, 28.09.2016
28 www.educationsuisse.ch/de/auslandschulen/schweizer-schulen, 28.07.2016

Direkte Demokratie und Föderalismus

Zu all diesen beeindruckenden Erfolgen muss hinzugefügt werden, dass sie immer noch auf der gewachsenen Substanz unseres bewährten Schulwesens auf der Grundlage von Johann Heinrich Pestalozzi beruhen. Die direktdemokratische und föderalistische Struktur der Schweiz ist eine weitere Voraussetzung für die hohe Qualität unserer Volksschule.

Durch die Bildungshoheit der Kantone und die Eigenständigkeit der Gemeinden haben in grundsätzlichen Bildungsfragen stets die Bürgerinnen und Bürger das letzte Wort.[29] Deshalb ist die Volksschule so breit in der Bevölkerung verankert. Zudem ist das Schweizer Bildungswesen sehr vielfältig. Aufgrund des Föderalismus und der direkten Demokratie können stets pragmatische Lösungen vor Ort gefunden werden, die dem Bedürfnis der Betroffenen entsprechen.[30]

Gemeinsame Ethik

Trotz ihrer Vielfalt sind alle schweizerischen Bildungsinstitutionen durch ein gemeinsames Bildungsverständnis im Sinne Pestalozzis verbunden. Diese Gemeinsamkeit kommt in den kantonalen Schulgesetzen zum Ausdruck, so etwa im Kanton Schwyz:

> *«Die öffentliche Volksschule orientiert sich bei der Erziehung und Bildung an christlichen, humanistischen und demokratischen Wertvorstellungen. Sie gewährleistet allen Kindern und Jugendlichen ohne Rücksicht auf das Geschlecht, die Religion, die soziale und regionale Herkunft die gleichen Bildungschancen […]. Sie fördert die Entwicklung zur selbstständigen, verantwortungsbewussten Persönlichkeit und schafft die Grundlagen für das Zusammenleben in Gesellschaft und Demokratie.»[31]*

Ähnliche Formulierungen finden sich in allen Kantonen.

---

[29] Bundesverfassung Art. 62: «Für das Schulwesen sind die Kantone zuständig.»

[30] Dies anerkannte auch die OECD. Vgl. Bericht der OECD. EDK Bern 1990, S. 77f.

[31] Art. 2 und 3 Volksschulgesetz des Kantons Schwyz vom 19. Oktober 2005

4. Grundzüge der Volksschule

Der beschriebene ethische und pädagogische Hintergrund der Volksschule war bis vor wenigen Jahren Konsens in der Schweiz. So war es unbestritten, dass die Kinder solide Kenntnisse und Fähigkeiten für ihre späteren Aufgaben in Beruf, Familie und Gesellschaft erwerben müssen. Ebenso selbstverständlich war es, dass der Stoff systematisch aufgebaut und sorgfältig vermittelt wurde. Als wichtigste Unterrichtsmethode galt – besonders bei der Einführung neuer Stoffinhalte – der vom Lehrer geführte Klassenunterricht.

Der Klassenunterricht

Der Klassenunterricht als wichtigste Unterrichtsform ist pädagogisch sehr anspruchsvoll. Der Lehrer führt dabei mit der Klasse ein gemeinsames, strukturiertes und zielgerichtetes Unterrichtsgespräch. Er wirft Fragen auf, regt zum Denken an und vermittelt neues Wissen. Bedeutsames fasst er zusammen und setzt Schwerpunkte. Alle hören zu, wenn einer spricht – ob Schüler oder Lehrer. Im sachkundig geführten Klassenunterricht lernen die Schüler nicht nur den Stoff, sondern auch entscheidende soziale Fähigkeiten wie einander zuzuhören, aufeinander einzugehen und aufeinander Rücksicht zu nehmen. Gelingt es dem Lehrer, das Unterrichtsgespräch konstruktiv zu gestalten, entsteht dabei ein Gefühl des Miteinander, das alle trägt. Stoffliches und soziales Lernen gehen Hand in Hand.

Klassengespräche können für die Schüler sehr bereichernd und stärkend sein. Indem sich alle gemeinsam mit einer Sache beschäftigen, kommen sie auf neue Gedanken und Fragen, die sonst nicht entstehen würden. Schüler kommen mit eigenen Beiträgen zur Geltung und werden dadurch gestärkt. Schwächere profitieren, indem sie Mitschülern bei der Lösungsfindung zuhören und dabei mehr Sicherheit bei der Bearbeitung von Aufgaben erwerben.

Der Klassenunterricht gleicht einer Bergwanderung: Der Lehrer als Bergführer geht voran. Er hat stets alle im Auge. Einige Schüler marschieren etwas schneller, andere etwas gemächlicher, doch alle erreichen gemeinsam das Ziel.

Lebendiges Wechselspiel

Das Klassengespräch ist ein Beziehungsgeschehen, das bedeutsame emotionale Abläufe ermöglicht. So hat ein Schüler vielleicht Angst, eine Frage zu stellen, weil er befürchtet, ausgelacht zu werden. Erlebt er jedoch, dass ein anderer Schüler dieselbe oder eine ähnliche Frage stellt und eine sachliche und für alle bereichernde Antwort erhält, fasst er möglicherweise Mut, seine Frage das nächste Mal ebenfalls zu stellen. Das vielfältige Zusammenspiel im Klassengespräch, das sich aus der gemeinsamen Beschäftigung mit einer Sache ergibt, ist Ausdruck der menschlichen Sozialnatur.

Der modische Begriff «Frontalunterricht» statt Klassenunterricht wird dem beschriebenen Wechselspiel in keiner Weise gerecht. Der Begriff erweckt den Eindruck einer Front zwischen Schülern und Lehrer, die in der Realität nicht besteht.

Bestätigung durch die Hattie-Studie

Auch der neuseeländische Bildungsforscher John Hattie stellte fest, dass der Klassenunterricht eine sehr erfolgreiche Unterrichtsform ist.[32] Der Wissenschaftler untersuchte in einer umfangreichen Metaanalyse an der Universität Melbourne mit über 50 000 Einzeluntersuchungen und insgesamt 250 Millionen Schülern, welche Faktoren mit welcher «Effektstärke» zum Lernerfolg der Schüler beitragen. Dabei erwies sich der Klassenunterricht als ausgesprochen wirksam.

Zentral beim Klassenunterricht sei, so Hattie, die pädagogische Kompetenz des Lehrers. Vor jeder Lektion müsse dieser

---

[32] Hattie verwendet statt «Klassenunterricht» den Begriff «direkte Unterweisung» («direct instruction»).

genau wissen, welches Ziel er mit der Klasse erreichen wolle und wie er dieses überprüfe. Dieses Ziel muss der Lehrer den Schülern kommunizieren, damit auch diese wissen, was der Lehrer von ihnen erwartet. «Teacher clarity» – «Klarheit des Lehrers» – nennt Hattie diesen Faktor.[33]

Üben, Vertiefen und Festigen

Zum Klassenunterricht gehört – meist im zweiten Teil der Lektion – die «Stillarbeit». In dieser Phase wiederholen und festigen die Schüler den neu gelernten Stoff in schriftlichen Übungen. Gleichzeitig kann der Lehrer überprüfen, ob die Schüler den Stoff verstanden haben. Bei Unsicherheiten gibt er Hinweise und Hilfestellungen. Auch die Schüler können während der Stillarbeit Fragen stellen und verbleibende Unsicherheiten klären.

Ein weiteres Mal wird der Stoff bei den täglichen Hausaufgaben geübt. Regelmässige Hausaufgaben sind für den Lernerfolg entscheidend. Einerseits wird der Stoff vertieft und gefestigt und andererseits lernen die Schüler Zuverlässigkeit und Pflichtgefühl. Für einen nachhaltigen Lernerfolg ist es unverzichtbar, dass der Lehrer die Hausaufgaben regelmässig überprüft und korrigiert (in den ersten Schuljahren meist täglich) und dass er sie von den Schülern verbessern lässt.

Unterrichtsformen wie Gruppenarbeit, «Werkstattunterricht» und «Projektarbeit» können in den Klassenunterricht eingestreut werden. Sie eignen sich vor allem zum Üben bereits gelernten Stoffes. Sie führen aber nur dann zum Lernerfolg, wenn der Lehrer sie sorgfältig anleitet und begleitet. Unter «Werkstattunterricht» wird das selbständige Bearbeiten von Aufträgen an vorbereiteten Posten («Werkstätten») verstanden, während «Projektarbeit» heisst, dass Themen gruppenweise bearbeitet werden.

---

[33] Hattie John A. C.: Visible Learning. London 2008, S. 204–207

Prüfungen und Noten

In der Schweiz war es immer eine Selbstverständlichkeit, dass der Lehrer den Lernstand der Klasse regelmässig überprüfte. Etwa ab der zweiten oder dritten Klasse führte er Prüfungen durch und erteilte dafür Noten. Eine Note unter Vier bedeutet, dass das Lernziel nicht erreicht wurde. Der Stoff muss wiederholt werden. Die schweizerische Notenskala 1 bis 6 hat sich sehr bewährt. Die Noten sind eine wichtige Orientierung für Lehrer, Schüler und Eltern, wo ein Schüler leistungsmässig steht.[34]

Heftführung und Rechtschreibung

Ein weiterer Bereich, über den bis vor kurzem Konsens bestand, ist die Bedeutung einer sorgfältigen Heftführung, Handschrift und Rechtschreibung. Wenn diese Fähigkeiten von Anfang an systematisch aufgebaut und geübt werden, fallen sie den Kindern von Jahr zu Jahr leichter.

Eine gut lesbare Schrift, eine übersichtliche Darstellung und eine korrekte Rechtschreibung vermitteln den Kindern Selbstwertgefühl, das auf eigener Anstrengung und Leistung beruht. Ausserdem trägt die Klarheit der Darstellung zur gedanklichen Klarheit bei.[35]

Wird das Erlernen von Schrift, Darstellung und Rechtschreibung bereits in den ersten Jahren den Schülern überlassen, wie dies heute zunehmend der Fall ist, entsteht bei den Kindern eine Grundunsicherheit, die alle weiteren Lernschritte beeinträchtigt. Ständig müssen sie sich überlegen, wie man gewisse Buchstaben oder Wörter schreibt. Damit werden sie vom Wesentlichen des neuen Lernstoffs abgelenkt. Sie kön-

---

[34] Neuerdings wird propagiert, alle Noten unter vier abzuschaffen. Dadurch würden aber auch die Noten über vier ihre Bedeutung verlieren. Die Mehrheit der Bevölkerung will die bewährte Notenskala von 1 bis 6 beibehalten. Vgl. Die tiefen Schulnoten sollen bleiben. St. Galler Tagblatt, 22.05.2016

[35] Bieder Boerlin Agathe: Schnürlischrift ade? Eine Ode an die altbewährte Form. Bildungsbeilage Neue Zürcher Zeitung, 19.03.2007

nen sich nur ungenügend auf neue Lerngegenstände konzentrieren und kommen im Lernen nicht recht voran. Verfügen sie hingegen sicher über die erwähnten Grundfähigkeiten, sind sie innerlich frei, sich auf neue Stoffgebiete einzulassen.

Handarbeit, Werken und Hauswirtschaft

In der Tradition Pestalozzis wurden in der Schweiz auch die Fächer Handarbeit, Werken und Hauswirtschaft auf hohem Niveau unterrichtet. Die Ausbildung der Fachlehrer fand in speziellen Seminaren statt. Diese wurden in den letzten Jahren leider aufgehoben.

Im Handarbeitsunterricht lernen die Schüler den sicheren Umgang mit Schere, Papier, Nadel, Faden und Nähmaschine sowie Arbeitstechniken wie Stricken, Häkeln oder Weben. Im Werken kommen Materialien wie Holz, Karton und Ton zum Einsatz, und die fachgerechte Handhabung von Werkzeugen wie Messer, Säge oder Hobel wird geübt. Diese Fähigkeiten sind wichtig für den Alltag und bereiten auf zukünftige Berufe vor.

Beim Werken und Handarbeiten lernen die Kinder eine sorgfältige Arbeitshaltung, Ausdauer und feinmotorisches Geschick. Das genaue Befolgen von Anleitungen wird geschult und ebenso das Vorstellungsvermögen und die Genauigkeit beim Messen und Berechnen von Teilen. Gleichzeitig entstehen nützliche und schöne Werke, auf welche die Kinder stolz sein können.

In den praktischen Fächern Handarbeit, Werken und Hauswirtschaft (in der Oberstufe) verbinden sich konkretes Tun und Kreativität mit sprachlichen und rechnerischen Fähigkeiten und theoretischem Wissen – in Anwendung von Pestalozzis Prinzip von «Kopf, Herz und Hand».

Der Kindergarten – bewährt und beliebt

Der Kindergarten ist in der Schweiz eine äusserst beliebte Institution. Er ergänzt die Erziehung im Elternhaus und be-

reitet auf die Schule vor. Die ausgezeichneten Kindergärt-
nerinnenseminare, die vor einigen Jahren aufgelöst wurden,
vermittelten eine weltweit anerkannte, anspruchsvolle Be-
rufsausbildung. Die Kindergartenpädagogik geht auf den
Pestalozzischüler Friedrich Wilhelm August Fröbel (1782–
1852) zurück, ergänzt durch Beiträge von Maria Montessori
(1870–1952) und der Entwicklungspsychologie.

Für viele Kinder ist der Kindergarten der erste Schritt in eine
grössere Gemeinschaft. Unter Anleitung der Kindergärtnerin
lernen sie, sich in eine grössere Gruppe einzufügen, aktiv am
Gruppengeschehen teilzunehmen und Konflikte konstruktiv zu
lösen. Im Stuhlkreis üben sie die gemeinsame Konzentration
auf ein Thema. Spielerisch werden ihnen Grundfähigkeiten vermittelt, welche sie beim Eintritt in die Primarschule brauchen.

Zur Kindergartenpädagogik gehören ausgewählte Spiele,
gemeinsames Singen, das Lernen von Versen, das Vorlesen
und Besprechen von Geschichten, Zeichnen, Schneiden,
Kleben, Basteln und Turnen, Ausgänge in die Natur und das
freie Spiel. Alle diese Aktivitäten dienen der Schulung der
Sinne, der Motorik, der Sprache, der Denk- und Unterschei-
dungsfähigkeit sowie dem Aufbau der Sozialkompetenz. Eine
Verschulung des Kindergartens, wie sie heute von gewissen
Kreisen gefordert wird, wird vom Grossteil der Bevölkerung
abgelehnt.[36]

Einheitliche Primarschule – dreigliedrige Oberstufe

Im Anschluss an den Kindergarten erfolgte der Schuleintritt
traditionell mit sieben Jahren. Inzwischen wurde das Schuleintrittsalter – aus nicht transparenten Gründen – auf sechs
Jahre gesenkt.

Die Primarschule (Unterstufe und Mittelstufe) dauert in
den meisten Kantonen sechs Jahre, die Oberstufe drei Jahre.
Für Schüler, die mehr Unterstützung und Zeit brauchen, wur-

---

[36] Kindergärten – Spielen statt Pauken. NZZ am Sonntag, 28.06.2015

I. Grundlagen der Volksschule

den spezielle Angebote eingerichtet. Auch bestand die Möglichkeit, eine Klasse zu wiederholen.

Auf allen Stufen gab es stabile Jahrgangsklassen. Diese wurden meist drei Jahre lang von denselben Lehrpersonen unterrichtet. So gab es Unterstufenlehrer, Mittelstufenlehrer, Oberstufenlehrer, Kleinklassenlehrer und in den oberen Stufen auch Fachlehrer.

Der gemeinsame Schulbesuch aller Kinder während der Primarschule gewährleistet die soziale Durchmischung und bereitet auf die direkte Demokratie vor. In der Oberstufe hingegen wurden Typen unterschieden, beispielsweise Realschule, Sekundarschule und Gymnasium. So wurde gewährleisten, dass alle Schüler entsprechend ihren Neigungen und Fähigkeiten optimal gefördert wurden.

Alle drei Oberstufen-Typen boten eine ausgezeichnete Grundlage für eine spätere Berufslehre oder Ausbildung. In der Realschule wurden die Schüler auf eher handwerklich-praktische, in der Sekundarschule auf eher «kopflastige» Berufe vorbereitet und im Gymnasium auf ein Hochschulstudium. Ein Wechsel vom einen zu einem anderen Schultypen war immer möglich, teilweise mit einem Zusatzjahr. Zudem konnten nach Abschluss der obligatorischen Schulzeit Ausbildungen unentgeltlich nachgeholt werden – beispielsweise eine Berufslehre oder eine Maturität an einer Maturitätsschule.

Inzwischen wurde vielerorts die Gliederung zwischen Real- und Sekundarschule aufgehoben. Die Möglichkeit der Repetition wurde eingeschränkt, Kleinklassen wurden geschlossen. Statt dessen arbeitet heute eine Vielzahl von Therapeuten und Heilpädagogen in den Schulzimmern. Eine ständige Unruhe und ein dauerndes Kommen und Gehen sind die Folgen.

Jahresziele, Fächer und Methodenfreiheit

Gemäss dem traditionellen Bildungsverständnis bestanden für jedes der neun Schuljahre klar definierte Stundentafeln,

Fächer und Stoffziele. Die Lehrmittel waren diesen angepasst und systematisch aufgebaut. Sie enthielten genügend Übungsmaterial und orientierten sich an den Grundwerten unserer Kultur.

Den Schulstoff konnten sich die Lehrer innerhalb des Schuljahres selbst einteilen. Beim Unterrichten hatten sie Methodenfreiheit. So konnte jeder Lehrer mit denjenigen Methoden arbeiten, mit denen er die Stoffziele am besten erreichte. Obwohl die Methodenfreiheit offiziell immer noch besteht, wird sie zunehmend eingeschränkt (S. 97).

Gute Zusammenarbeit

Schulleiter gab es in der Volksschule bis in die 1990er Jahre noch keine, und die Zusammenarbeit in den Schulhäusern funktionierte gut: Ein Kollege oder eine Kollegin hatte jeweils das Amt des «Hausvorstandes» inne und war für die Aussenkontakte der Schule und weitere administrative Aufgaben zuständig. Der Hausvorstand war ein Gleicher unter Gleichen. Andere Kollegen übernahmen Aufgaben wie Stundenplankoordination, Materialverwaltung, Betreuung der Schulsammlung oder der Apparate. Diese Ämter wurden bescheiden entlohnt, die Bürokratie beschränkte sich auf ein Minimum.

Verankerung im Volk

In den meisten Kantonen wurden die Lehrkräfte vom Volk gewählt und in regelmässigen Abständen von Schulpflegern besucht.[37] Auch diese waren in der Regel vom Volk gewählt. Sie hatten das Vertrauen der Bevölkerung, kamen aus verschiedenen Berufen und übten ihre schulpflegerische Tätigkeit meist nebenamtlich aus. Bei ihren Unterrichtsbesuchen achteten sie darauf, dass die Lehrer die Stoffziele erreichten und mit der Klasse eine massvolle Disziplin hielten.

---

[37] Die Bezeichnungen und Aufgaben dieser Behörden variieren von Kanton zu Kanton.

Dieses Milizsystem der Laienaufsicht bewährte sich gut. Es garantierte die Bürgernähe und die Verankerung der Schule im Volk. Viele Schulpfleger erwarben sich durch ihre meist langjährige schulpflegerische Tätigkeit ein grosses Fachwissen und wurden zu regelrechten Experten des Schulwesens.

Wissenschaftlich gesicherte Sichtweise des Kindes

Die obige Darstellung skizziert die Situation, wie sie in der schweizerischen Volksschule bis in die 1990er Jahre bestand.[38] Sie beruht auf nachprüfbaren Fakten. Somit ist sie keine «verklärte Sicht der Vergangenheit», wie Vertreter der «Schulreformen» bei positiven Darstellungen der früheren Volksschule gerne behaupten.

Natürlich gab es auch früher Probleme. Mancher Erwachsene erinnert sich an Situationen, in denen er vom Lehrer unfair behandelt oder blossgestellt wurde. Dies kann für Kinder sehr schmerzlich sein. Umgekehrt berichten andere Erwachsene, dass sie in der Schule einen Halt und eine Wertschätzung fanden, die ihnen sonst fehlten. Beide Erfahrungen – die positiven und die negativen – sind Ausdruck pädagogischen Geschicks oder Unvermögens einzelner Lehrer – und nicht Folge von Schulstrukturen.

Solche Schulerinnerungen führen uns vor Augen, wie wichtig der Lehrer für das Vorankommen und Befinden der Schüler ist. Die pädagogische Fähigkeit und Haltung eines Lehrers kann den ganzen weiteren Lebensweg eines Schülers beeinflussen.[39] Deshalb ist es entscheidend, dass die Lehrerausbildung auf einer richtigen und wissenschaftlich gesicherten Sichtweise des Kindes und des Lernens beruht – und nicht auf einseitigen Ideologien oder Dogmen.

---

[38] Die Beschreibung bezieht sich oft auf den Kanton Zürich, trifft aber im wesentlichen auch auf die anderen Kantone zu.

[39] Vgl. zur Bedeutung des Lehrers: Camus Albert: Der erste Mensch. Reinbek 1995, S. 156ff.

II. Der Bruch – Schulreformen seit den 1990er Jahren

1. Stoffabbau und Wertebruch

Mit Beginn der 1990er Jahre tauchten plötzlich – wie aus dem Nichts – neue Theorien und Methoden auf: eigenartige Psychospiele, befremdliche Sexualkunde-Inhalte, Kuschelecken in Schulzimmern und Lehrmittel mit wertezersetzendem Inhalt.

Entfremdung von den Eltern

Im offiziellen Sprachbuch des Kantons Aargau für die zweite Klasse von 1996 findet man beispielsweise das folgende «Gedicht»:

«Mama, du bist heute blöde.
Mama, du bist doof!
Ich könnte dich in die Mülltonne schmeissen,
in die grosse, ganz unten im Hof.»[40]

In einem anderen Lehrmittel sollen die Schüler Fluchwörter schreien – insbesondere solche, die zu Hause verboten sind.[41] Angeblich würden solche Übungen Kindern helfen, ihre «Wutgefühle» auf die Eltern zu verarbeiten. In Wirklichkeit werden Konflikte in den Familien geschürt und Kinder von ihren Eltern entfremdet.

---

[40] Sprachbuch für das 2. Schuljahr «Knuddeldaddelwu». Aargauischer Lehrmittelverlag. Buchs 1996, S. 65

[41] Schlimme Wörter schreien. In: Plouda Sigrid & Steiner Ueli: Soziale Spiele – soziales Lernen. Sabe Lehrmittelverlag. Zürich 1980, S. 25. Als Ziel der Übung nannten die Autoren (beide Primarlehrer) Hemmungen abbauen und die Sprache «enttabuisieren».

Seltsame Psychospiele

In einem Psychospiel von 1994 forderte ein Sekundarlehrer im Kanton Zürich seine Schüler auf, sich in einen Stuhlkreis zu setzen und die Schuhe auszuziehen. Er machte es vor und legte seine Schuhe in die Mitte des Kreises. Dann verlangte er von den Jugendlichen, ihre Schuhe so zu plazieren, wie sie sich in der Beziehung zu ihm und zu ihren Mitschülern fühlten. Die Schüler waren peinlich berührt: Auf das Ausziehen der Schuhe folgte die psychische Entblössung. Mit der Positionierung der Schuhe sollten sie ihre innersten Gefühle gegenüber dem Lehrer und den Mitschülern offenlegen. Keiner wagte es in dieser Gruppendruck-Situation, sich zu verweigern.[42]

Mit der beschriebenen Übung werden die Schüler genötigt, natürliche Hemmungen zu überwinden und gesunde Abwehrschranken zu überschreiten. Solche Praktiken sind in der Schule nicht erlaubt. Im folgenden wird deutlich, dass sie der «Gestaltpädagogik» entnommen sind, einer manipulativen Psychotechnik, die in den 1960er und 1970er Jahren in den USA entwickelt wurde.

Gestaltpädagogik im Zürcher Lehrplan

Im Jahr 1991 wurde im Kanton Zürich ein neuer Lehrplan verabschiedet. Darin wurden die Lehrkräfte angewiesen, ein Viertel der gesamten Unterrichtszeit für nicht-stoffliche Ziele zu verwenden.[43] Was war damit gemeint? Im Schulblatt des Kantons Zürich stand:

> *«Was die Inhalte [...] in diesem Lehrplan betrifft, so sind die Übereinstimmungen mit wesentlichen Anliegen, die von der Gestaltpädagogik seit den 70er Jahren erhoben werden, offensichtlich.»*[44]

---

[42] Persönlicher Bericht von Schülern im Juni 1994

[43] Lehrplan für die Volksschule des Kantons Zürich. Erziehungsdirektion. 1991, S. 23

[44] Was ist und was will die Gestaltpädagogik. Schulblatt des Kantons Zürich 6/1993, S. 543

Das Credo dieser Methode lautet: «Verliere den Kopf und komm zu deinen Sinnen!»[45] Man soll also den Verstand ausschalten und blind den Anweisungen der «Gestaltpädagogik» folgen. Alle herkömmlichen Wertvorstellungen sollen in Frage gestellt und Gefühle schonungslos offengelegt und ausgelebt werden. Das zitierte «Wut-Gedicht» gegen die Mutter und andere Übungen dienen diesem Zweck.

Ausdrücklich verlangt der neue Zürcher Lehrplan von 1991 von den Lehrern, mit ihren Schülern deren Wertvorstellungen zu «klären». Dabei sollte, so der Lehrplan, das …

«… zumutbare – und damit konstruktive – Mass an Verunsicherung möglichst nicht überschritten [werden].»[46]

Die Behauptung, die Verunsicherung der Schüler sei «konstruktiv», entbehrt jeder Grundlage. In Wirklichkeit brauchen Kinder klare Werteorientierungen, um zu sicheren Persönlichkeiten heranzuwachsen.

Bildungsinhalte verschwinden

Neben «gestaltpädagogischen» Anweisungen beinhaltet der Zürcher Lehrplan von 1991 auch einen massiven Stoffabbau. So wird beispielsweise das Schreiben von Prüfungsdiktaten untersagt, das Lesen als Lernziel der ersten und zweiten Klasse aufgegeben und das gesamte Bruchrechnen der Mittelstufe abgeschafft.[47] Verschiedene Rechenthemen dürfen nur noch «aufgegriffen» und nicht mehr vertieft werden.[48] Andere Kantone haben ähnliche Lehrpläne erlassen. Eine öffentliche Diskussion darüber fand nicht statt – eine bemerkenswerte

---

[45] «Lose your mind and come to your senses!» Vgl. Petzold Hilarion in: Perls Fritz: Gestalt-Wahrnehmung. Verworfenes und Wiedergefundenes aus meiner Mülltonne. Frankfurt am Main 1981, S. II, 35f., 58, 206 und 230

[46] Lehrplan für die Volksschule des Kantons Zürich. Erziehungsdirektion 1991, S. 60

[47] Verlangt werden nur noch Operationen mit gleichnamigen Brüchen wie $^1/_5 + {}^2/_5$ oder $2 \times {}^3/_8$, was kein echtes Bruchrechnen ist. Vorher mussten die Schüler auch kürzen und erweitern.

[48] Lehrplan für die Volksschule a.a.O., S. 259–307

Tatsache, da ja das Schulwesen in der Schweiz bis dahin immer unter Mitwirkung der Lehrer und Stimmbürger gestaltet und beaufsichtigt wurde.

Der Zürcher Volksschullehrplan von 1991 war so abartig, dass viele Lehrer ihn kopfschüttelnd beiseitelegten. Sie unterrichteten weiter wie bisher und benutzten weiterhin ihre bewährten Lehrmittel. Denn sie waren nicht bereit, bewährte Unterrichtsmethoden durch schlechtere zu ersetzen. Und dennoch – der Lehrplan von 1991 erzeugte eine Verunsicherung im Selbstverständnis der Lehrer, die dazu beitrug, dass sie sich in den kommenden Jahren nicht stärker gegen die von oben aufoktroyierten «Schulreformen» wehrten.

Von oben aufgezwungene Reformen

Seit damals stürzt eine ständige Flut von «Schulreformen» über die Schulen herein. Viele wurden als «freiwillige Schulversuche» begonnen, später aber ohne Auswertung und ohne Diskussion als obligatorisch erklärt. Manche «Reformen» mussten auch wieder zurückgenommen werden. So waren im Kanton Schwyz im Jahr 1993 die Hausaufgaben verboten worden.[49] Auf Druck der Eltern musste das Verbot vier Jahre später wieder aufgehoben werden.[50]

Schweizweit wurden «Reformen» vorangetrieben wie die Abschaffung der Noten, die Abschaffung von Schräglinien für die Schreibschrift, die Abschaffung von Lehrerkorrekturen, die Abschaffung des Klassenunterrichts und Ersatz durch Gruppenarbeit, «Werkstattunterricht» und «Projektarbeit»,[51] die Abschaffung der Lehrerseminare und Ersatz durch Pädagogische Hochschulen, die Aufhebung der bewährten Schultypen in der Oberstufe (dem Vorbild der deutschen Ge-

---

[49] Ist eine Schule ohne Hausaufgaben eine schlechte Schule? Tages-Anzeiger, 24.05.1993

[50] Schulreform-Pionierprojekt im Kanton Schwyz gescheitert. Aargauer Zeitung, 26.02.1997

[51] Der Ersatz des Klassenunterrichts durch die genannten Unterrichtsformen wurde Jahrzehnte vorher vom amerikanischen «Schulreformer» John Dewey propagiert. Vgl. Dewey, John et al.: Der Projektplan – Grundlegung und Praxis. Weimar 1935

samtschulen folgend), die Einführung des Frühenglisch, der Einsatz von Computern im Unterricht ab Schulbeginn, die Einführung von Schulleitern, von lohnwirksamen Qualifikationsverfahren für Lehrer und externen Beratern und viele mehr. Keine einzige dieser «Reformen» ging von den Lehrern, Eltern oder Bürgern aus. Alle wurden der Schule «von oben» her aufgezwungen.

Schulreformen von links?

Damals glaubten viele, die «Schulreformen» kämen von «links». Tatsächlich waren es anfänglich vor allem Vertreter linker und grüner Parteien, die sich für die «Schulreformen» einsetzten. So lobte der grüne Kantonsrat Thomas Büchi die Zürcher Erziehungsdirektion für ihr verdecktes Vorgehen bei der Einführung von «Schulreformen»:

> *«Wenn wir etwas bewegen wollen in unserem Schulsystem, dann geht es nur schleichend. Die Erziehungsdirektion ist mit ihrer Guerillataktik […] deshalb richtig vorgegangen.»*[52]

Damit gab der Politiker gleichzeitig zu erkennen, was er von der Mitsprache des Volkes in der direkten Demokratie hielt.

Wirtschaftsvertreter als Reformturbo

Das «Rechts-Links-Schema» geriet in bezug auf die «Schulreformen» bald ins Wanken. Denn als der «bürgerliche» Vertreter und Wirtschaftsprofessor Ernst Buschor 1995 in Zürich Erziehungsdirektor wurde, war es ausgerechnet dieser CVP-Mann, der in kürzester Zeit die radikalsten «Schulreformen» durchpeitschte. Zuletzt scheiterte er mit seinem umfangreichen «Reformpaket» an der Urne.[53] Vieles davon hatte er aber – Büchis Empfehlung folgend – schleichend und am Volk vorbei schon umgesetzt.

---

[52] Kantonsratsdebatte über umstrittenen «Schulreformen». Neue Zürcher Zeitung, 18.02.1992

[53] Ganz zum Schluss ein «Ungenügend». Neue Zürcher Zeitung, 09.03.2003

2. Frühfremdsprachen – ein verfehltes Konzept

Frühenglisch war ein wichtiger Programmpunkt in Buschors «Reformpaket». Wie andere «Schulreformen» wurde auch diese ohne Nachweis eines Nutzens eingeführt. Bis dahin waren die Fremdsprachen in der Schweiz – abgesehen von einem gescheiterten «Schulversuch» – von der Oberstufe an unterrichtet worden. Mit diesem Vorgehen waren stets ausgezeichnete Resultate erzielt worden. Die guten Fremdsprachenkenntnisse der Schweizer waren weltweit bekannt.

Experiment gescheitert

Der gescheiterte «Schulversuch» betraf das Frühfranzösisch. Diese «Schulreform» begann schon in den 1970er Jahren. Ein Teil der Zürcher Primarlehrer wurde gezwungen, von der fünften Klasse an Französisch zu unterrichten, obwohl sie gar keine Französischlehrer waren.[54] Dabei wurde die bis dahin übliche Methodik völlig über Bord geworfen. Die Sprache durfte nur noch «spielerisch» vermittelt werden: Man zeigte den Schülern Bilder, spielte ihnen Hörtexte vor und liess sie vor allem sprechen. Geschrieben wurde kaum. Als Folge lernten die Schüler praktisch nichts.

Als die ersten Absolventen des Frühfranzösisch in die Oberstufe kamen, war die Enttäuschung der Oberstufenlehrer gross. Sie stellten fest, dass die Frühbeginner kaum Vorteile gegenüber den Spätstartern aufwiesen. Auffälligstes Merkmal der Frühbeginner war, dass sie die Freude am Französisch bereits verloren hatten. Die Spätstarter hingegen konnten die neue Fremdsprache von Anfang an systematisch bei richtig ausgebildeten Lehrern lernen.

---

[54] Badertscher Hans (Hrsg.): Die Schweizerische Konferenz der kantonalen Erziehungsdirektoren. Entstehung – Geschichte – Wirkung. Bern 1997, S. 253–256

Spielerisches Lernen – ein Mythos

Statt das gescheiterte Experiment abzubrechen, setzen die Verantwortlichen es bis heute fort! Zudem wurde die untaugliche «spielerische» Methodik auch in die Oberstufe übernommen. Heute ist das fehlerfreie Abschreiben und Übersetzen von Texten sowie das systematische Vermitteln der Grammatik weitgehend tabu. Als Folge nahmen die Französischkenntnisse der Schüler von Jahr zu Jahr ab. Heute können die meisten Oberstufenschüler nach mehreren Jahren Französischunterricht kein Verb mehr vollständig konjugieren und Wörter wie «et» und «est» nicht mehr unterscheiden – Grundlagenkenntnisse, über die sie früher nach wenigen Lektionen verfügten.[55]

Buschor stiftet Unruhe

Zusätzlich zum Frühfranzösisch zwang Erziehungsdirektor Buschor den Schulen nun auch noch das Frühenglisch auf – gegen den erklärten Willen der Lehrer.[56] In der welschen Schweiz stiftete er damit Unruhe. Denn die französischsprachigen Kantone fühlten sich begreiflicherweise vor den Kopf gestossen, als plötzlich im grossen Kanton Zürich nicht mehr Französisch, sondern Englisch die erste unterrichtete Fremdsprache war.[57]

Wann platzt die Seifenblase?

Anders als Frühfranzösisch wurde Frühenglisch von einer wissenschaftlichen Untersuchung begleitet. Im Rahmen seiner Masterarbeit an der Universität Manchester verglich der Erziehungswissenschaftler und Oberstufenlehrer Urs Kalberer

---

[55] Französisch-Lernziele bei weitem verfehlt. Neue Zürcher Zeitung, 19.03.2016

[56] Die Lehrerschaft und die Mittelschulen vertraten die Ansicht, Englisch solle nicht vor dem achten Schuljahr unterrichtet werden. Vgl. Aeberli Christian: Englisch ab der ersten Klasse: Das Zürcher Experiment. In: Die fünfte Landessprache? Englisch in der Schweiz. Watts Richard J. & Murray Heather (Hrsg.). Hochschulverlag der ETH Zürich. 2001, S. 70

[57] Ernst Buschor. Ein Mann macht Schule. Bilanz – Das Schweizer Wirtschaftsmagazin, 31.12.1999

im Jahr 2007 die Englischkenntnisse von 154 Schweizer Oberstufenschülern mit und ohne Frühenglisch.[58] Sein Befund war eindeutig: Der geringfügige anfängliche Vorsprung der Frühbeginner gegenüber den Spätstartern zu Beginn der Oberstufe war nach wenigen Monaten verschwunden. Auch die Lehrkräfte bestätigten das schnelle Wegschmelzen dieses Vorsprungs. Bereits nach acht Monaten wurden die ersten Frühbeginner von Spätstartern überholt.

Schüler, die sechs Jahre Frühenglisch gehabt hatten, waren häufig sogar schlechter als solche mit drei Jahren Frühenglisch! Die vielen Jahre Frühenglisch – auf Kosten von Deutsch und anderen Grundlagenfächern – bedeuteten also nicht nur reine Zeitverschwendung, sondern erwiesen sich sogar als Hemmnis für einen erfolgreichen Fremdsprachenerwerb. Kalberer fasst zusammen:

> *«Die hohen Erwartungen, die in den frühen schulischen Fremd-*
> *sprachenunterricht gesetzt werden, scheinen nicht erfüllt werden zu*
> *können. Die Frage ist bloss, wann diese Seifenblase platzen wird.»*[59]

Doch die Verantwortlichen liessen Kalberers Studie in der Schublade verschwinden und setzten den Frühenglisch-Unterricht unbekümmert fort.

No Murks please!

Frühenglisch wird nicht nur in der Schweiz propagiert. Auch andere europäische Länder führten das Fach ein – mit ähnlich miserablen Resultaten. Unter dem Titel «No Murks, please» schreibt die renommierte deutsche Wochenzeitung «Die Zeit»:

> *«Irgendwie kam die Idee in die Welt, dass [...] man mit dem Erler-*
> *nen von Fremdsprachen gar nicht früh genug anfangen könne [...].*
> *Von Lernfenstern war die Rede, die bei kleinen Kindern offen stün-*

---

[58] Kalberer Urs: Rate of L2 Acquisition and the Influence of Instruction Time on Achievement. Dissertation. University of Manchester 2007 (L2 = Zweitsprache)

[59] Wann platzt die Seifenblase? Risse im Konzept des frühen Fremdsprachenunterrichts. Neue Zürcher Zeitung, 17.03.2008

den und sich später schlössen. Auf dieser Modewelle schwappte der Fremdsprachenunterricht in die Grundschule [...]. Das ist genau die Art wirkungsloser Pseudoreformen, mit denen die Schulen immer wieder malträtiert werden [...]. So wie [der Fremdsprachenunterricht an der Grundschule] heute betrieben wird, ist er reine Zeitvergeudung.»[60]

Das leichtere frühe Fremdsprachen-Lernen gilt nur für Kinder, welche die Fremdsprache täglich zur Kommunikation mit wichtigen Bezugspersonen brauchen. In der Schule hingegen findet der Fremdsprachenunterricht nur während zwei bis drei Wochenlektionen statt. Bei dieser Art des Lernens sind die älteren den jüngeren Schülern klar überlegen. Denn bei den älteren sind im Gegensatz zu den jüngeren die notwendigen formalen Denkstrukturen und muttersprachlichen Kenntnisse bereits vorhanden.

Ältere Schüler lernen Fremdsprachen leichter
Zwei neue Forschungsarbeiten bestätigen Kalberers Befunde. So zeigte ein aktuelle Studie von 2014 am Institut für Mehrsprachigkeit der Universität Freiburg (CH),[61] dass ältere Schüler Fremdsprachen signifikant schneller lernen als jüngere:

«Im Fremdsprachenunterricht haben ältere Schüler einen entscheidenden Vorteil gegenüber jüngeren. Sie lernen schneller.»[62]

Frühbeginner bald überholt
Simone Pfenninger, Sprachwissenschaftlerin an der Universität Zürich, kommt 2014 zum gleichen Ergebnis. Die

---

[60] No Murks, please. Stoppt den Fremdsprachenunterricht an Grundschulen. Die Zeit, 17.12.2008

[61] Lambelet Amelia & Berthele Raphael: Alter und schulisches Fremdsprachenlernen – Stand der Forschung. Wissenschaftliches Kompetenzzentrum für Mehrsprachigkeit. Freiburg 2014

[62] Spätstarter lernen Fremdsprachen schneller. Tages-Anzeiger, 23.09.2014

Forscherin verglich während fünf Jahren die Leistungen von 200 Gymnasiasten im Kanton Zürich mit und ohne Frühenglisch. Dabei stellte sie fest, dass sich der frühe Fremdsprachenunterricht weder kurzfristig noch langfristig vorteilhaft auswirkte. In ihrer Studie hatten die Spätstarter die Frühbeginner bereits nach sechs Monaten eingeholt und teilweise überholt. Auch zeigten die Spätstarter eine deutlich höhere Motivation.[63]

Wer gut ist in Deutsch, lernt besser Englisch

Vor ihrer Studie war Pfenninger überzeugt gewesen, der Frühfremdsprachen-Unterricht sei erfolgreich. Dass sie ihr gegenteiliges Ergebnis trotzdem publizierte, zeugt von wissenschaftlicher Redlichkeit. Pfenningers Studie ist die einzige, die Frühbeginner und Spätstarter auf der Basis einer genügend grossen Anzahl von Probanden vergleicht. Ihre Studie kann nicht wiederholt werden, weil es keine Spätstarter mehr gibt. Dieses «Forschungsfenster» wurde von den Erziehungsdirektoren durch die flächendeckende Einführung dieser «Schulreform» definitiv geschlossen.

Pfenninger erklärt sich den Vorteil der Spätstarter gegenüber den Frühbeginnern damit, dass die älteren Schüler beim Beginn des Fremdsprachenunterrichts über deutlich bessere Deutschkenntnisse verfügten. Die Frühbeginner hingegen hatten viel Zeit in der Primarschule mit nutzlosem Frühenglisch verplempert. Pfenninger ist überzeugt: «Wer gut in Deutsch ist, kann diesen Vorteil auf die Fremdsprache übertragen».[64]

---

[63] Pfenninger Simone E.: The Literacy Factor in the Optimal Age Debate: a 5-Year Longitudinal Study. International Journal of Bilingual Education and Bilingualism. December 2014

[64] Wer in Deutsch gut ist, lernt besser Englisch. Medienmitteilung. Universität Zürich, 10.12.2014

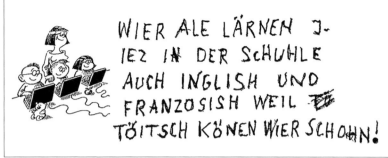

Flyer zur Abstimmung über die Fremdspracheninitiative im Kanton Zürich, Mai 2017
(Quelle: Sprachinitiative, 8706 Meilen)

Realitätsverweigerung der Bildungspolitik

Die Bildungspolitiker reagieren auf die genannten Studien mit Realitätsverweigerung.[65] Statt die wissenschaftlichen Befunde ernst zu nehmen und die notwendigen Konsequenzen zu ziehen, attackieren sie die Autoren:

> *«Gleich mehrfach ist es vorgekommen, dass Verfasser von Studien und Berichten, die den Nutzen des frühen Fremdsprachenunterrichts angezweifelt haben, von offiziellen Stellen unter Druck gesetzt wurden [...]. Prominentes Beispiel ist die Sprachwissenschaftlerin Simone Pfenninger.»[66]*

Der Bildungsdirektor von Basel, Christoph Eymann, setzte gar die Unwahrheit in die Welt, Pfenningers Studie sei «qualitativ nicht genügend».[67] In Wirklichkeit wurde die Wissenschaftlerin für ihre Studie mit dem Mercator-Preis für herausragende Nachwuchsforscher ausgezeichnet. Renommierte Zeitschriften berichteten darüber und die Universität Zürich verlieh ihr dafür die Habilitation zur Professorin.[68]

---

[65] Kartell des Schweigens. NZZ am Sonntag, 18.09.2016

[66] Behörden unterdrücken kritische Forschung. NZZ am Sonntag, 18.09.2016

[67] Frühenglisch. Der Nutzen ist gering. NZZ am Sonntag, 05.03.2017

[68] Es ist schwierig für Politiker zurückzurudern. Basler Zeitung, 08.04.2016

Irrweg verlassen

Statt wissenschaftliche Befunde unter den Tisch zu wischen und Wissenschaftler schlecht zu machen, muss die Bildungspolitik dringend wieder das Wohl der Schüler in den Mittelpunkt stellen. Warum sollte die Schweiz nicht fähig sein, einen Irrweg zu verlassen und zum bewährten Fremdsprachenunterricht auf der Oberstufe zurückzukehren?

3. Reformflut und Bildungsbürokratie

Nach Buschors Abgang schien es um das Schulwesen etwas ruhiger geworden zu sein. Doch der Schein trog. Unter der Oberfläche liefen die «Schulreformen» ungebremst weiter. Hans Zbinden, früherer Nationalrat und lange Jahre aktiver «Schulreformer», nannte dies die Strategie der «leisen Grossreformen».[69]

Leise Grossreformen

Auf leisen Pfoten kamen die «Grossreformen» daher, weil die Bildungspolitiker zunehmend feststellen mussten, dass Lehrer, Eltern und Stimmbürger die ständigen «Reformen» nicht länger goutierten. Folglich setzten sie ihre Vorhaben möglichst unbemerkt um. Um für sie lästige Diskussionen zu vermeiden, spielten sie die Brisanz der «Reformen» herunter und versahen sie mit unverdächtigen Namen.

So nannte die Aargauer Bildungsdirektion ein «Reformpaket» im Jahr 2009 «Bildungskleeblatt» – Kleeblatt wie Glücksbringer. Doch dieses «Kleeblatt» brachte kein Glück. Es beinhaltete nämlich umwälzende Veränderungen der Volksschule wie die Abschaffung des Kindergartens und eine Umstrukturierung der Oberstufe in Richtung der deutschen Gesamtschule.

Ein Bürgerkomitee ergriff das Referendum und klärte die Mitbürger über den Inhalt dieser Vorlage auf. In der Folge wurde das trügerische «Kleeblatt» am 17. Mai 2009 an der Urne abgelehnt. Der verantwortliche Aargauer Bildungsdirektor Rainer Huber erlitt eine schmachvolle Niederlage und wurde abgewählt. Eine Kreisschulpräsidentin erinnert sich:

«Dieses ‹Kleeblatt› war in aller Munde […]. Die Abschaffung der Bezirksschule [einer Art Untergymnasium] und des Kindergartens

---

[69] Zbinden Hans: Stiller Partner Schweiz. Laute Kleinreformen – leise Grossreformen. VPOD-Bildungspolitik, 5/2009

wurde ins Auge gefasst [...]. Mit dem langen Regierungswahlkampf
kam noch mehr Spannung» auf. – *«Interessanterweise trauten sich*
viele Lehrkräfte erst dann [nach der Abstimmung], ihre ehrliche
Meinung zur ganzen ‹Reformitis› und zum ‹überladenen Fuder› an
Neuerungen kund zu tun.»[70]

Bürger wollen Kindergarten behalten

Auch im Kanton St. Gallen wurde die Abschaffung des Kindergartens vorangetrieben. Doch das Kantonsparlament stoppte
den Versuch und wies die Bildungsdirektion im April 2011 an,
die unpopuläre «Basisstufe» per Ende Schuljahr zu beenden.[71]

Bei der «Basisstufe» (auch «Grundstufe» oder «Eingangs-
stufe» genannt) geht es stets darum, die Kindergartenpädagogik abzuschaffen und den Kindergarten in einen Teil
der Schule umzuwandeln. Die Kinder sollen von Anfang an
mit Schulstoff konfrontiert werden. Auch im Kanton Zürich
scheiterte dieser Versuch im Jahr 2012 zum zweiten Mal an
der Urne. Bereits zehn Jahre früher – 2002 – hatte das Zürcher
Stimmvolk das Vorhaben abgelehnt. So blieb der beliebte und
bewährte Kindergarten auch im Kanton Zürich erhalten.[72]

Trotz dieser klaren Parlaments- und Volksentscheide
trieben die Erziehungsdirektoren ihre «Schulreformen» ver-
deckt weiter.[73] Dass der Kindergarten zum Auslaufmodell werden sollte, hatten sie bereits 1997 beschlossen.[74]

---

[70] Koller-Wiederkehr Béatrice: Jahresbericht zum Schuljahr 2008/2009 der Schule der
Gemeinde Jonen (AG), S. 6. Frau Koller nahm im Jahresbericht gleichzeitig als Frau
Gemeindeammann von Jonen und Präsidentin der Abgeordneten der Kreisschule Kel-
leramt Stellung.

[71] Im April 2011 beauftragte der St. Galler Kantonsrat die Regierung, den Schulversuch
Basisstufe umgehend zu beenden. Per Ende Schuljahr 2011/12 mussten alle Basisstu-
fenklassen im Kanton St. Gallen aufgelöst werden. www.phsg.ch, 11.10.2015

[72] Dä Chindergarte abschaffe? Gaht's no? Der Zürcher Bote, 12.10.2012

[73] Der Kindergarten wird auch drankommen. Neue Luzerner Zeitung, 03.10.2000

[74] EDK-Dossier 48A. Bildung und Erziehung der vier- bis achtjährigen Kinder in der
Schweiz. Eine Prospektive. Bern 1997

Lehrer unter Druck – Zahl der Burnouts steigt

Den Lehrern setzt der beständige «Reformdruck» – verbunden mit ständigen Teamsitzungen, Evaluationen und oft nutzlosen Fortbildungen – immer mehr zu:

> *«Drei Viertel der Lehrer [fühlen sich] überfordert [...]. Ursache dafür sind oft die ständigen Schulreformen [...] nach zwanzig Jahren Dauerreform im Bildungswesen».*[75]

So leiden immer mehr Lehrer unter «Burnout». Auch junge, motivierte Lehrkräfte sind betroffen. Mit Engagement und Begeisterung wollen sie die «modernen» Unterrichtsmethoden umsetzen. Dann stellen sie aber fest, dass sie in der Praxis gar nicht funktionieren. Sie zweifeln an sich selbst und glauben, sie seien zu wenig effizient, unfähig oder hätten den Beruf verfehlt. Junglehrer erleiden Sinnkrisen und verlieren die Freude am Beruf – ein häufiger Grund für die starke Fluktuation im Lehrerberuf, unter der die Schulen heute leiden. Besorgt stellt der langjährige Berater an der Pädagogischen Hochschule Zürich, Jürg Frick, fest: «So sind viele Lehrpersonen überlastet, und so manche leiden unter Burnout-Symptomen.»[76]

Schulbehörden übergehen Lehrer

Jüngere Lehrer halten sich mit Kritik an den «Schulreformen» oft zurück, weil sie um ihre Stelle fürchten. Erfahrene Lehrkräfte, die Bedenken äussern, gelten schnell als lern- und teamunfähig. Immer mehr Lehrer lassen sich frühzeitig pensionieren, weil ihnen die «Schulreformen» derart zusetzen. Denn diese stehen häufig im Widerspruch zu ihrer pädagogischen Erfahrung.

Andreas Oettli, ein Lehrer, der ein Leben lang mit Begeisterung an der Volksschule unterrichtet hat, bedauert dies. Er stellt fest, dass Schulbehörden immer weniger auf erfahrene

---

[75] An der Schule muss es wieder mehr Lust als Frust geben. SonntagsZeitung, 16.08.2015

[76] Für eine gute Schule. Neue Zürcher Zeitung, 05.10.2016

Lehrer hören, denn von ihnen würden sie erfahren, dass viele der «von oben» erlassenen «Schulreformen» nicht im Sinne der Kinder sind. Früher habe man als Lehrer viel mehr Freiheit und Verantwortung gehabt, betont Oettli, doch in den letzten Jahren sei das Volksschulamt immer mächtiger geworden und greife immer stärker in die Schule ein.[77]

Ein kürzlich pensionierter Primarlehrer bestätigt, dass das Unterrichten in den letzten Jahren immer mühsamer geworden sei. So manche Änderung sei nicht in seinem Sinn gewesen, stellt er fest, und deshalb sei er froh, …

> *«… dass er die kommenden Veränderungen, beispielsweise in Bezug auf den Lehrplan 21 oder die neue Basisschrift, nicht mehr mittragen muss.»[78]*

Es ist bedenklich, dass die Schulbehörden solche Stimmen nicht ernster nehmen.

Überbordende Bürokratie und steigende Kosten

Eine grosse Reportage im «Tages-Anzeiger-Magazin» befasst sich ausführlich mit den «Schulreformen». Der Titel lautet: «Wie die Schule von Reformwahn und Bildungsbürokratie erdrückt wird.»[79] Lehrer, Schulpsychologen, Bildungspolitiker und Erziehungswissenschaftler kommen darin zu Wort und äussern sich ausnahmslos kritisch zu den «Schulreformen». Deren Nutzen sei nicht erwiesen, unterstreicht etwa der Pädagogikprofessor Roland Reichenbach von der Universität Zürich. Fest stehe einzig, dass die Bürokratie durch die ständigen «Reformen» immer weiter wachse, was den Lehrern die Zeit fürs Unterrichten raube, wird im Artikel betont. Ausserdem seien die «Schulreformen» enorme Kostentreiber: «Das

---

[77] Thurgauer Zeitung, 21.07.2015

[78] Lehrer Dürst nimmt Abschied, St. Galler Tagblatt, 09.07.2016

[79] In der Falle. Wie die Schule von Reformwahn und Bildungsbürokratie erdrückt wird. Tages-Anzeiger-Magazin, 15.05.2010

System wächst und wächst und wird unter dem Strich immer teurer.»[80] Die «Neue Zürcher Zeitung» ergänzt:

> «Die Bildungsbehörden ziehen pausenlos neue Reformen und Projekte durch […], statt dass die Schule endlich einmal etwas zur Ruhe kommt.» [81]

Und das Fazit der «Weltwoche» lautet:

> «Mehr Papier, mehr Protokolle, mehr Berichte, mehr Vorschriften, mehr Sitzungen, mehr Elterngespräche, mehr verordnete Weiterbildungen – für viele Lehrer ist die Schule zum Bürokratiemonster geworden.»[82]

Dass die «Schulreformen» noch viel mehr beinhalten als eine überbordende Bürokratie – was schlimm genug wäre – wird in den folgenden Kapiteln deutlich.

---

[80] A.a.O.
[81] Für eine gute Schule. Neue Zürcher Zeitung, 05.10.2016
[82] Gängelung von oben. Weltwoche, 13.04.2016

4. Ritalin-Boom – warum?

Mit dem Beginn der «Schulreformen» setzte – leicht zeit-
verschoben – eine weitere beunruhigende Entwicklung ein. Die
psychiatrische Diagnose «Aufmerksamkeitsstörung» (ADS/
ADHS) wurde immer häufiger gestellt,[83] und die Verschreibung
des Psychopharmakons Ritalin an Kinder nahm sprunghaft zu.[84]
Allein zwischen 2000 und 2014 stiegen die Ritalin-Verkaufs-
zahlen in der Schweiz um 810 Prozent.[85] Wie kam das?

Zusammenhang mit den Schulreformen
Marion Heidelberger, die Vizepräsidentin des Lehrerdachverbandes (LCH), sieht einen Zusammenhang mit den «Schulreformen»:

> *«Auch die ständigen Reformen des Schulsystems haben ihren Anteil*
> *am Wachstum des Ritalin-Konsums.» In den heutigen Regelklassen*
> *entsprechen die «Rahmenbedingungen den Bedürfnissen eines*
> *Kindes mit ADHS» nur noch bedingt. Solche Kinder brauchen eine*
> *«Bezugsperson, Struktur».[86]*

Damit legt Heidelberger den Finger auf ein zentrales Element
der «Schulreformen»: das Wegbrechen verantwortlicher
Bezugspersonen und klarer Strukturen. Gerade diese zwei
Aspekte sind aber Grundbedingungen für eine gesunde seeli-
sche Entwicklung *aller* Kinder.[87]

---

[83] Die Diagnose mit Hyperaktivität heisst «Aufmerksamkeits-Defizit-Hyperaktivitäts-
Störung» (ADHS); ohne Hyperaktivität heisst sie «Aufmerksamkeits-Defizit-Störung»
(ADS)

[84] Methylphenidat (Ritalin) wirkt als Stimmungsaufheller, Stimulans und Beruhigungs-
mittel. Es wird sowohl unruhigen als auch «verträumten» Kindern verschrieben
(ADHS und ADS).

[85] Beobachter, 21.08.2015: Ritalin, Irrglaube Hirndoping

[86] A.a.O.

[87] Zur Bedeutung verlässlicher Beziehungen und Strukturen für das Lernen und Erkun-
den der Welt vgl. Grossmann Klaus E. (Hrsg.): Bindung und menschliche Entwicklung.
Stuttgart 2003

Wirkliche Hilfe statt Ritalin

Natürlich gab es auch schon vor den «Schulreformen» unruhige Kinder. Oft waren es Kinder von Eltern, die allzu streng waren oder – heute häufiger – allzu bemüht. Solche Eltern wollen ihren Kindern jedes Bedürfnis erfüllen und jedes Hindernis aus dem Weg räumen. Die Kinder haben als Folge oft Mühe, sich in eine Gruppe einzufügen, Anweisungen zu befolgen oder selbständig Aufgaben zu erledigen. Sie sind an die ständige Aufmerksamkeit und Unterstützung durch die Erwachsenen gewöhnt.

Oft beruhigen sich solche Kinder schnell, wenn sie eine verbindliche und konsequente Führung erhalten und man ihnen klare Leistungsanforderungen stellt. Als Psychologin gelang es mir durch eine gute Zusammenarbeit mit Schule und Eltern oft in relativ kurzer Zeit, eine deutliche Verbesserung zu erzielen. Die Diagnose ADHS und eine Ritalin-Verschreibung wurden dadurch hinfällig.

Heutige Rahmenbedingungen erschweren Hilfeleistung

Seit sich die Rahmenbedingungen in den Schulen durch die «Schulreformen» verändert haben, wurde die psychologische Unterstützung von unkonzentrierten und unruhigen Kindern schwieriger. Durch die wachsende Bürokratie und die vielen Bezugspersonen (Lehrkräfte mit Teilpensen an verschiedenen Tagen, Heilpädagogen, Sozialarbeiter, Therapeuten, Schulpsychologen) wurde die Zusammenarbeit mit der Schule immer komplizierter. Absprachen werden schwieriger und unverbindlicher. Oft gelingt es den Eltern und mir nicht mehr, die Schule davon zu überzeugen, den Kindern verbindliche Strukturen und Beziehungen zu bieten. Hausaufgaben werden entgegen diesbezüglichen Versprechungen nicht kontrolliert, Erfolge und Misserfolge bleiben unbemerkt, das Kind fühlt sich nicht wahrgenommen. Dadurch ist die Hilfeleistung schwieriger geworden – zum Schaden der Kinder.

Eine fabrizierte Erkrankung

Fachleute bezweifeln, ob es eine eigenständige Störung namens ADS/ADHS (Aufmerksamkeitsdefizit-Hyperaktivitätsstörung) überhaupt gibt.[88] Biologische Belege für eine solche Störung fehlen. Es gibt keinen diagnostischen Test, um sie nachzuweisen.[89] Bei Berichten über angebliche biologische Ursachen von ADS/ADHS ist trotz intensiver Suche seit Jahrzehnten immer nur von «Vermutungen» und «Hinweisen» die Rede.[90]

Die Diagnose ADHS geht auf den US-Psychiater Leon Eisenberg zurück. Er hat die Diagnose in den 1960er Jahren erfunden und schon damals Ritalin verschrieben.[91] Als die Diagnose offiziell eingeführt wurde, stiegen die Verkaufszahlen von Ritalin explosionsartig.[92] Jahrzehnte später gab selbst Eisenberg zu: «ADHS ist ein Paradebeispiel für eine fabrizierte Erkrankung.»[93]

Eisenberg war über die Auswirkung seiner eigenen Diagnose besorgt, weil er sah, dass seine jüngeren Kollegen sofort zum Rezeptblock griffen und Ritalin verschrieben, statt nach den Ursachen der Problematik zu fragen.[94]

Schweizer Ethikkommission warnt

Unruhigen und unkonzentrierten Kindern eine psychiatrische Diagnose zu stellen und ein Psychopharmakon zu verschreiben ist keine Lösung, hält auch die schweizerische nationale Ethikkommission für Humanmedizin fest. Damit werde den

---

[88] Furman Lydia M.: Attention-deficit hyperactivity disorder (ADHD): does new research support old concepts? Child Neurology July 2008: pp. 775–784

[89] «Die spezifische Ätiologie [Ursache] dieses Syndroms ist unbekannt. Eine adäquate Diagnose kann nicht durch einen einzelnen diagnostischen Test gestellt werden.» Arzneimittel-Kompendium der Schweiz (2015)

[90] Erwachsene Zappelphilippe. Neue Zürcher Zeitung, 20.10.2017

[91] Damals lautete die Bezeichnung «hyperkinetische Reaktion des Kindesalters».

[92] Der Spiegel, 6/2012, S. 127

[93] Blech Jörg: Gene sind kein Schicksal. Frankfurt am Main. 2012, S. 93

[94] A.a.O.

Kindern das Gefühl vermittelt, mit ihnen stimme etwas nicht und sie könnten nur mit dem Psychopharmakon angemessen funktionieren. So wird ihnen die Chance genommen, ihr Verhalten aus eigener Kraft zu ändern, so die Ethikkommission:

«Durch die Einnahme von pharmakologischen Wirkstoffen [...] wird das Verhalten des Kindes ohne jegliche Eigenleistung verändert [...]. Weil pharmakologische Wirkstoffe zwar Verhaltensveränderungen verursachen, das Kind aber damit nicht lernt, wie es solche Verhaltensveränderungen selbst erzielen kann, wird [ihm] eine wichtige Lernerfahrung für eigenverantwortliches Handeln vorenthalten [...]. [Es wird ihm vermittelt], dass es nur mit Hilfe solcher Mittel in sozial anerkannter Weise ‹funktioniert› [...]. [Dadurch] könnte das Recht des Kindes auf einen offenen Lebensweg gefährdet werden.»[95]

Tatsächlich greifen viele ehemalige «Ritalin-Kinder» auch später noch zu Ritalin. Wenn sie vor einer anspruchsvollen Lebenssituation stehen, fehlt ihnen die innere Gewissheit, dass sie diese auch ohne Ritalin bewältigen können. Eine langfristige gesunde Persönlichkeitsentwicklung ist damit in Frage gestellt.

Eine Form der sozialen Kontrolle

Jeffrey Schaler, Professor für Recht und Gesellschaft an der Universität Washington, sieht Ritalin als eine «Form der sozialen Kontrolle».[96] Er unterstreicht das Recht der Eltern, sich gegen die Verschreibung von Ritalin zu wehren. Es sei ein klarer Verstoss gegen die Grundrechte von Kindern und Eltern, wenn die Schule Eltern zur Ritalinabgabe nötige, betont der Professor:

---

[95] Nationale Ethikkommission im Bereich Humanmedizin: Über die «Verbesserung» des Menschen mit pharmakologischen Wirkstoffen. Schweizerische Ärztezeitung. 26.10.2011

[96] Ritalin Case Puts Parents and Courts on Collision Course. New York Law Journal, 17.08.2000

«Wenn ein Kind den Unterricht stört, hat die Schule das Recht,
von den Eltern zu verlangen, dass sie etwas dagegen unternehmen.
Aber sie hat kein Recht, von den Eltern zu verlangen, dass sie eine
chemische Substanz in den Körper ihres Kindes einführen.»[97]

Ohne Ritalin keine Schulreise

Trotzdem werden auch bei uns Eltern gedrängt, ihren Kindern Ritalin zu geben. So musste Rechtsanwältin Susanne Raess, früher Leiterin des Rechtsdienstes der Zürcher Bildungsdirektion, in den letzten Jahren mehrfach Eltern gegen Druckversuche der Schule verteidigen, ihren Kindern Ritalin zu verabreichen.[98] Der «Tages-Anzeiger» bestätigt:

«Weigern sich Eltern, ihre Kinder psychologisch auf das
Aufmerksamkeitsdefizitsyndrom (ADHS) hin abklären zu lassen,
oder widersetzen sie sich der Verschreibung von Ritalin, drängen
Lehrkräfte bisweilen mit Nachdruck auf die Abgabe von Medika-
menten. So machen Schulen etwa die Versetzung oder die Teil-
nahme an Schulanlässen wie Lagern oder Wanderungen von einer
Medikation der Kinder abhängig.»[99]

Das Volksschulamt des Kantons Zürich widerspricht dem Vorwurf, Eltern zur Ritalinabgabe zu nötigen. Noch nie sei unruhigen Schülern der Verbleib in der Klasse oder die Teilnahme an Schulanlässen verweigert worden, weil sie kein Ritalin nahmen, betont die Behörde.[100] Es ist gut zu wissen, dass die Zürcher Erziehungsdirektion die Rechtslage kennt. Allerdings sind auch mir aus der psychologischen Praxis Fälle bekannt, in denen Eltern von der Schule zur Abgabe von Ritalin an ihre Kinder genötigt wurden. Dies ist besonders empörend, weil

---

[97] A.a.O.
[98] Thiriet Maurice: Kein Ritalin, keine Schulreise. Tages-Anzeiger, 25.03.2009
[99] A.a.O.
[100] A.a.O.

die Schule ja selbst mit ihren fehlgeleiteten «Schulreformen» zur Zunahme von Verhaltensauffälligkeiten beiträgt.

Risikofaktor verfrühte Einschulung

Ein oft unterschätzter Risikofaktor für ADHS ist eine verfrühte Einschulung. Dies macht die schleichende Senkung des Einschulungsalters von sieben auf sechs Jahre besonders fragwürdig. Viele Kinder sind mit sechs Jahren noch nicht schulreif. Von ihrer körperlichen, geistigen und seelischen Entwicklung her sind sie noch nicht bereit, den Schulstoff aufzunehmen, und fühlen sich von diesem überfordert. Als Folge entwickeln sie Verhaltensstörungen und Schulängste.

Dies bestätigt eine Studie an der North Carolina State University (USA). Sie verglich Kinder, die kurz vor oder nach dem Stichtag zur Einschulung Geburtstag hatten. Beide Gruppen waren somit praktisch gleich alt. Doch die einen wurden ein Jahr früher, die anderen ein Jahr später eingeschult. Es zeigte sich, dass die jüngeren Kinder ein signifikant höheres Risiko hatten, im Verlauf ihrer Schulzeit die Diagnose ADHS zu erhalten. Ihr Risiko war um 25 Prozent erhöht![101] Ein weiteres Jahr zu Hause hätte vielen vermutlich die Diagnose «ADHS» erspart und damit Schulversagen und die jahrelange Ritalineinnahme. Die Autoren der Studie warnen:

«Bei jüngeren Kindern [besteht die Gefahr], dass sie fälschlicherweise die Diagnose ADHS erhalten, obwohl sie in Wirklichkeit nur weniger reif sind.»[102]

Doch die Schweizer Erziehungsdirektoren wollen das Schuleintrittsalter noch weiter senken: «Die Schülerinnen und Schüler werden mit dem vollendeten 4. Altersjahr einge-

---

[101] Evans William N., Morrill Melinda S., Parente Stephen T.: Measuring Inappropriate Medical Diagnosis and Treatment in Survey Data: The Case of ADHD among School-Age Children. Journal of Health Economics, 4 August 2010

[102] The Importance of Relative Standards in ADHD Diagnoses: Evidence Based on Exact Birth Dates. Journal of Health Economics, 17 June 2010

schult», verlangt ein von ihnen verfasstes Dokument.[103] Ob sie
dafür einen Bonus von der Pharmaindustrie erhalten?

Risikofaktor Computer

Ein weiterer Risikofaktor für ADHS ist der übermässige Gebrauch von Bildschirmmedien. Dies belegt eine empirische
Studie am Kinderspital Seattle (USA). Sie weist einen direkten Zusammenhang zwischen der Nutzung von Bildschirm-
Medien und Aufmerksamkeitsproblemen nach. Laut der
Studie ist das Risiko für Aufmerksamkeitsprobleme um so
höher, je mehr Zeit die Kinder vor dem Bildschirm verbringen.[104] Eine Untersuchung aus Deutschland bestätigt:

«Wenn Kinder ständig am Handybildschirm hängen, steigt das
Risiko von Hyperaktivität und Konzentrationsschwäche – so das
Ergebnis einer aktuellen Studie.» – «Je höher der Medienkonsum
ist, desto ausgeprägter treten [...] die genannten Auffälligkeiten
auf.»[105]

Auch Eltern und Lehrer beobachten diesen Zusammenhang.
Trotzdem fördern Schulbehörden den Einsatz von Computern
– und dies bereits im Kindergarten! Auch mit dieser «Schulreform» tragen sie aktiv zur Zunahme von Verhaltens- und
Aufmerksamkeitsproblemen bei.

Langzeitschäden unbekannt

Ob Ritalin Kindern tatsächlich hilft, ist umstritten. Die Wirkung
ist von Kind zu Kind sehr verschieden. Entgegen einer verbreit-
teten Meinung konnten bis heute keine langfristigen Verbesse-
rungen unter Ritalin nachgewiesen werden. Das Mittel bewirkt
lediglich eine vorübergehende Leistungs- und Konzentrations-

---

[103] Art. 5 Harmos-Konkordat. Erziehungsdirektorenkonferenz Bern 2007

[104] Christakis Dimitri A. et al: Early Television Exposure and Subsequent Attentional Pro-
blems in Children. Pediatrics 4/2004, Volume 113, pp. 708–713

[105] Smartphones können Kinder krank machen. SDA-Meldung, 29.05.2017; Digitale
Medien: Zu viel Smartphone macht Kinder krank. Zeit Online, 29.05.2017

steigerung. Wenn die Wirkung nachlässt, treten die Probleme oft verstärkt auf – der sogenannte «Rebound-Effekt».[106]

Auch ist bis heute unklar, ob Ritalin Langzeitschäden verursacht. Obwohl das Mittel seit über fünfzig Jahren verschrieben wird, existieren keine aussagekräftigen Langzeitstudien dazu. Dies stellte die renommierte «Cochrane Collaboration» fest. Die «Cochrane Collaboration» ist eine internationale unabhängige Vereinigung von Wissenschaftlern und Ärzten und ist für ihre profunden Meta-Studien (Vergleichsstudien) bekannt. In einer solchen stellte sie fest, dass viele Ritalin-Studien von der Pharmaindustrie gesponsert sind und gravierende methodische Mängel aufweisen. Die durchschnittliche Dauer der untersuchten Studien betrug nur 75 Tage, die kürzeste dauerte einen Tag.[107] Die «Cochrane Collaboration» fasst zusammen:

> *«Die Studienlage bei der Behandlung von Kindern und Jugendlichen mit Methylphenidat [Ritalin] ist dünn und wenig aussagekräftig.»[108]*

Deshalb raten die «Cochrane»-Forscher dringend, bei der Verschreibung von Ritalin sehr vorsichtig zu sein.[109] Eine genaue Untersuchung des Herzens ist unerlässlich.[110]

Gefährliche Nebenwirkungen

Tatsächlich hat Ritalin viele unerwünschte Nebenwirkungen. Beim Beginn der Einnahme kommt es regelmässig zu

---

106 Sroufe L. Alan, Ph. D. and Stewart Mark A., M.D. Treating problem children with stimulant drugs. The New England Journal of Medicine, August 23, 1973, pp. 407–413

107 Storebo Ole Jacob et al. Methylphenidate for Attention-Deficit/Hyperactivity Disorder in Children and Adolescents: Cochrane Systematic Review with Meta-Analyses and Trial Sequential Analyses of Randomised Clinical Trials. British Medical Journal, 25.11.2015

108 Forscher kritisieren fehlende Studien zu Ritalin. Studien zu Psychostimulanzien sind zu 40 Prozent industriefinanziert. Tages-Anzeiger, 25.11.2015

109 Cochrane Collaboration. Press release: Researchers urge caution in prescribing commonly used drug to treat ADHD, 25.11.2015

110 US-Kardiologen: FDA soll vor kardialen Risiken von ADHD-Medikamenten warnen. Deutsches Ärzteblatt, 10.02.2006 (FDA ist die US-Kontrollbehörde für Lebens- und Arzneimittel)

Appetitlosigkeit und Schlaflosigkeit. Auch Bauchschmerzen, Kopfschmerzen, Übelkeit, Erbrechen, Schwindel, Herzrasen, depressive Verstimmungen, Husten, Halsschmerzen, Hautausschläge und Haarausfall sind häufig.[111] Weiter kann es zu nervösen Tics, Gesichtszuckungen, Suizidgedanken und Wachstumshemmungen kommen. Ob das verzögerte Wachstum eine Folge des Appetitmangels ist oder einer verminderten Ausschüttung des Wachstumshormons, ist bis heute unklar.[112] Auch plötzliche Todesfälle durch Herzstillstand kommen vor.[113] Nach 19 unklaren Todesfällen von Kindern in den USA erliess die US-Arzneimittelkontrollbehörde die Empfehlung, Ritalin mit verschärften Warnhinweisen zu versehen.[114]

Ein weiteres Risiko ist die Suchtgefahr. Ritalin steht seit Jahrzehnten auf der Liste der streng überwachten Suchtstoffe und kann deshalb nur mit einem speziellen Betäubungsmittel-Rezept bezogen werden. Der Zürcher Kinderarzt und Buchautor Remo Largo wundert sich, dass es trotzdem so häufig verschrieben wird:

> *«Es ist erstaunlich, wie viele Ärzte Ritalin verschreiben. Immerhin handelt es sich um ein Betäubungsmittel.»*[115]

Ritalin als Manipulationsinstrument

In den USA gibt es Kreise, die trotz all dieser Risiken Ritalin als Instrument ins Auge fassen, um ganze Bevölkerungsgruppen zu steuern. So propagiert der US-Regierungsberater

---

[111] Novartis: Packungsbeilage zu Ritalin®/-SR/-LA. Information für Patientinnen und Patienten (2016)

[112] Sroufe L. Alan, Ph. D. and Stewart Mark A., M.D. Treating problem children with stimulant drugs. The New England Journal of Medicine, 23.08.1973

[113] Novartis: Packungsbeilage zu Ritalin®/-SR/-LA. Information für Patientinnen und Patienten (2016)

[114] US-Kardiologen: FDA soll vor kardialen Risiken von ADHD-Medikamenten warnen. Deutsches Ärzteblatt, 10.02.2006

[115] Ritalin, Irrglaube Hirndoping. Beobachter, 21.08.2015

Francis Fukuyama Ritalin als Möglichkeit, um das Verhalten von Menschen zu manipulieren:

> «*Wir stehen vor einer Explosion der Möglichkeiten, menschliches Verhalten zu manipulieren.*» – «*Wenn man sich allein anschaut, in welchem Umfang [...] Ritalin [und andere Psychopharmaka] eingesetzt werden, um Persönlichkeitsveränderungen in weiten Teilen der Bevölkerung zu erreichen.*»[116]

Ähnliche Absichten hegte der 68er Drogenbefürworter Günter Amendt. Auch er empfahl den Einsatz von Ritalin zur Verhaltenssteuerung:

> «*In der globalisierten [...] Welt von morgen werden psychoaktive Substanzen [...] als Instrumente der sozialen Steuerung unabdingbar sein [...]. Die Psychodroge Ritalin ist das derzeit erfolgreichste Produkt in diesem Marktsegment.*»[117]

Dass solche Pläne formuliert werden, ist unfassbar und empörend. Um so mehr muss die Schule wieder Rahmenbedingungen schaffen, die Kindern eine gesunde psychische und geistige Entwicklung ermöglichen, damit sie zu starken und nicht manipulierbaren Persönlichkeiten heranwachsen können.

---

[116] Fukuyama Francis: Der neue Mensch am Ende der Geschichte. Die Welt am Sonntag, 20.05.2001 (Francis Fukuyama war im Planungsstab des US-Aussenministeriums tätig und arbeitet heute für den regierungsnahen Think tank «RAND»)

[117] Amendt Günter. Ohne Drogen keine Zukunft. Psychoaktive Substanzen zwischen Ächtung und Akzeptanz. Neue Zürcher Zeitung, 12.08.2000

5. Aktuelle Situation

Im folgenden Kapitel wird der aktuelle Stand der «Schulreformen» in der Volksschule vor Einführung des «Lehrplan 21» dargestellt. Der Kernbegriff der heutigen «Reformen» lautet «Individualisieren». Praktisch gleichbedeutend werden die Ausdrücke «selbstbestimmtes Lernen», «selbstgesteuertes Lernen», «selbstorganisiertes Lernen» (SOL) verwendet.[118] Die Ausdrücke «Lernen nach Wochenplan», «altersdurchmischtes Lernen» (AdL), «Lernlandschaft», «Lernatelier» und «Lernumgebung» gehören ebenfalls in diesen Zusammenhang.

Individualisieren

Das «Individualisieren» beinhaltet ein völlig neues Unterrichtsverständnis – weit entfernt von der bewährten Methode, bei der die Lehrperson den Schülern den Stoff in Jahrgangsklassen und in systematisch aufgebauten Lektionen vermittelt und sie dabei stetig anleitet, ermutigt und korrigiert.

Beim «individualisierenden» Lernen hingegen lernt jeder Schüler den ihm individuell zugewiesenen Stoff im eigenen Tempo und auf seinem eigenen Weg. Häufig wird dabei mit dem Computer und ohne Lehrer gearbeitet. Ihre Arbeiten müssen die Schüler beim «Individualisieren» meist selbst korrigieren und dabei übersehen sie sehr viele Fehler. Das Erreichen der Lernziele wird nicht mehr zuverlässig von einem Lehrer überprüft. So können gravierende Stofflücken auftreten, die kaum mehr aufzuholen sind. Da bei dieser Form des Lernens keine Jahrgangsklassen mehr erforderlich sind, wird zunehmend in «altersdurchmischten» Gruppen gelernt. Klassenzimmer werden durch eine Art Grossraumbüros ersetzt, die je nach Gemeinde «Lernlandschaften», «Lernateliers», «Lern-

---

[118] Die Begriffe «Individualisieren», «selbstbestimmtes», «selbstgesteuertes» und «selbstorganisiertes Lernen» werden im weiteren Text in Anführungszeichen gesetzt, weil sie etwas anderes bedeuten, als sie vermuten lassen.

umgebungen» oder «Offices» heissen.[119] Die Lehrer sind darin nicht mehr Lehrer, sondern nur noch «Lernbegleiter» oder «Coaches».[120]

Schule wie im Grossraumbüro

In den «Lernateliers» sitzen die Schüler an Einzelplätzen und arbeiten an ihren Arbeitsblättern oder Tablets.[121] Oft sind sie durch Sicht- und Lärmschutzwände voneinander abgetrennt und mit Gehörschutzgeräten – sogenannten «Pamiren» – ausgerüstet.[122] Die neu als «Lernbegleiter» oder «Coaches» bezeichneten Lehrkräfte stellen den Schülern die Lernunterlagen bereit und geben «Inputs». Allenfalls beantworten sie Fragen oder helfen bei Computerproblemen. Ihre Anweisungen erteilen sie immer häufiger per Computer – auf Youtube, Facebook, WhatsApp oder anderen Internet-Plattformen. Damit bleiben die Schüler über weite Strecken sich selbst überlassen. Insbesondere schwächere Schüler können sich bei dieser Lernform nicht auf das Lernen des Stoffes konzentrieren, schweifen ab oder spielen mit dem Computer.

Altersdurchmischtes Lernen

Das «altersdurchmischte Lernen» (AdL) ist Teil dieses Lernverständnisses und hat nichts zu tun mit den herkömmlichen Mehrklassenschulen. Diese wurden eingerichtet, damit auch kleine Gemeinden alle Kinder im eigenen Dorf unterrichten können. Diese Schulen sind gut in der Bevölkerung verankert.

---

[119] Das Konzept stammt von der OECD. Vgl. OECD: The Nature of Learning. Practitioner Guide from the Innovative Learning Environment Project. www.oecd.org/edu/ceri/50300814.pdf, 02.01.2018

[120] Lerne zu lernen! Individualisierte Lernformen verfolgen hehre Ziele – im Schulalltag aber geht es vor allem pragmatisch zu. Neue Zürcher Zeitung, 17.11.2014

[121] Tablets sind flache Kleincomputer mit berührungsempfindlichem Bildschirm (Touchscreen).

[122] Schule wie im Grossraumbüro. Thurgauer Zeitung, 05.12.2013; Der Pamir erobert die Schulzimmer. 20 Minuten, 21.04.2013

Das «altersdurchmischte Lernen» hingegen wird meist gegen den Willen von Eltern und Lehrkräften eingeführt. Um es durchzusetzen, werden funktionierende Jahrgangsklassen auseinandergerissen und neu zu altersdurchmischten Gruppen zusammengewürfelt. Die Altersunterschiede in diesen Klassen sind teilweise so gross, dass ein gemeinsames Behandeln von Themen kaum noch möglich ist. Dadurch wird das «Individualisieren» erzwungen.[123] Das Konzept verursacht beträchtliche Mehrkosten, weil ein Vielfaches an Personal wie Heilpädagogen und Zusatzlehrern sowie Absprachen und Sitzungen nötig ist.[124]

Eltern fordern Rückkehr zu Jahrgangsklassen

Der Widerstand gegen das «altersdurchmischte Lernen» (AdL) ist in der ganzen Schweiz gross. In Meggen (LU) musste das Experiment abgebrochen werden, weil die Lehrer sich weigerten, es umzusetzen.[125] In Feusisberg (SZ) führte das Vorhaben zu einem regelrechten Dorfstreit.[126] In Frauenfeld wehrten sich Eltern,[127] und in Zumikon (ZH) war der Widerstand so heftig, dass die Schulbehörde die «Schulreform» beenden und zu Jahrgangsklassen zurückkehren musste.[128] Die Gemeinde Trogen (AR) ist die einzige Gemeinde, die über das Konzept abstimmen konnte: Sie hat es abgelehnt.[129]

---

[123] Neue Unterrichtsform an Schulen stösst auf Widerstand. Ostschweiz am Sonntag, 06.04.2014

[124] Am Ende eine Frage der Mittel. Neue Zürcher Zeitung, 04.10.2016

[125] Schule ohne Grenzen. Neue Zürcher Zeitung, 26.03.2012

[126] Streit um neues Schulmodell, Neue Zürcher Zeitung, 16.07.2014

[127] Eltern wollen mitreden. Ostschweiz am Sonntag, 06.04.2014

[128] Wieder einmal dicke Luft an der Schule Zumikon. Neue Zürcher Zeitung, 08.07.2014; Die Schule Zumikon kehrt zu Jahrgangsklassen zurück. Neue Zürcher Zeitung, 24.08.2016

[129] Neue Unterrichtsform an Schulen stösst auf Widerstand. Ostschweiz am Sonntag, 06.04.2014

Lernlandschaft Pratteln – Lehrer als Coach

In der Oberstufenschule von Pratteln (BL) wird das «Individualisieren» in «Lernlandschaften» konsequent umgesetzt. Die «Neue Zürcher Zeitung» nahm einen Augenschein:

> *«[Jeder Schüler hat] einen eigenen Arbeitsplatz [...], der vorne, links und rechts [...] mit einem Sichtschutz versehen ist [...]. Was [jeder] sich konkret vornimmt und wie er seine Zeit einteilt im ‹Lernatelier›, muss er selber entscheiden. Lehrer sind zwar ebenfalls anwesend in dem Raum. Doch sie halten sich zurück. Anweisungen an alle sind keine zu vernehmen [...]. Schüler sollen lernen, eigenständig zu handeln [...], die Lehrer [fungieren] nurmehr als Coach.»[130]*

Dass vor allem schwächere Schüler bei dieser Lernform scheitern, zeigt die folgende Szene:

> *«Als sich ein Schüler einer Zweier-Gruppe anschliesst, die draussen auf dem Gang das Französisch-Lehrbuch aufgeschlagen hat [...], [orientiert sich der Knabe] statt wie vorgesehen an den Unterlagen [...] direkt an den Lösungen seiner beiden Kollegen – und übernimmt auch deren Fehler.»[131]*

Wenn Schüler abschreiben, wird dies im Klassenunterricht meist schnell bemerkt. Der Lehrer kann diesen Schülern gezielt helfen, indem er ihnen den Stoff beispielsweise nochmals erklärt. Im Unterschied dazu bleibt das Abschreiben beim «individualisierenden» Unterricht oft tage- oder wochenlang unbemerkt. Als Folge verlieren schwächere Schüler immer mehr den Mut, ihre Lücken werden immer grösser, und letztlich bleiben sie auf der Strecke.

Selbstorganisiertes Lernen funktioniert nicht

Alarmierend ist, dass gerade leistungsschwächere Schüler vermehrt dem «Individualisieren» überlassen werden, wäh-

---

[130] Lerne zu lernen! A.a.O.
[131] A.a.O.

rend leistungsstärkere Schüler oft mehr Förderung erhalten. Schüler berichten:

> *«Die vom P [anspruchsvolles Niveau] müssen nicht in eine Lern-*
> *landschaft gehen. Wir E-und A-Schüler [mittleres und unteres*
> *Niveau] aber müssen.»[132]*

Doch auch gute Schüler kommen mit dem «selbstorganisierten» Lernen nicht zurecht. Oft trauen sie sich nicht, bei Unsicherheiten nachzufragen, weil von ihnen ja erwartet wird, dass sie allein zurechtkommen. So geraten auch gute Schüler ins Hintertreffen und müssen sich den Stoff von den Eltern oder von einem Nachhilfelehrer erklären lassen.[133]

Experimentierlabor Niederhasli

Ein weiteres Experimentierlabor für das «Individualisieren» ist neben der erwähnten Oberstufenschule in Pratteln auch die Zürcher Gemeinde Niederhasli. Dort hat der «innovative» Schulleiter Gregory Turkawka die Oberstufe «total umgekrempelt» und dabei «keinen Stein auf dem anderen gelassen». Die Klassenstrukturen wurden in Niederhasli aufgelöst und durch altersdurchmischte «Homebases» ersetzt. Schulleiter Turkawka nennt das Modell «SOL» – «selbstorganisiertes Lernen». Die «Lernlandschaften» heissen «Offices».[134] Rund die Hälfte der Unterrichtszeit in den Hauptfächern verbringen die Schüler an ihren Tablets oder iPads im «Office».[135] Die «SonntagsZeitung» berichtet:

> *«Wir nehmen einen Augenschein in einem Gross-Office, wo um die*
> *50 Schüler an ihren mit Sichtschutz versehenen Arbeitsplätzen sitzen.*
> *Ein paar lümmeln mit iPads in der Sofaecke, sie machen Pause.»[136]*

---

[132] Routine anstelle von Faszination. Lernlandschaften an Schulen. Basler Zeitung, 02.05.2016

[133] Schlechte Noten für Schulprojekt. SonntagsZeitung, 05.06.2016

[134] Die Revolution von Niederhasli. SonntagsZeitung, 25.10.2015

[135] iPads sind die Tablets der Firma Apple.

[136] Die Revolution von Niederhasli. SonntagsZeitung, 25.10.2015

Eine Jugendliche ergänzt:

«Huerevill hänged eifach im Office und mached eigentlich nüt für d'Schuel.»[137]

Der sechzehnjährige Kevin klagt:

«Ohne meinen Vater hätte ich längst abgehängt […]. In den SOL-Stunden ist oft keine Lehrperson da, und wenn man eine Frage hat, kann es zwei bis drei Tage dauern, bis man einen Termin bekommt.»[138]

Schulleiter Turkawka hingegen sitzt locker in seinem Büro,

«… wo man sich in einem behaglichen Studio wähnt: orangefarbenes Sofa, niedriger Couchtisch. Aus der Anlage plätschert Popmusik […]. In den Gängen […] sind die Lernenden unterwegs» und werden zu *«Experten ihres Lernens».*[139]

In dieser Schule erteilen sich die Schüler sogar die Noten selbst:

«Sogar das Heiligtum der Schulen, das Mass aller Dinge, arrangieren hier die Lernenden teils in Eigenregie: die Noten.»[140]

Kündigungswelle der Lehrer

Als das «SOL»-Modell in Niederhasli eingeführt wurde, kam es zu einer Kündigungswelle unter den Lehrern, weil diese das «selbstorganisierte Lernen» nicht mit ihrem pädagogischen Gewissen vereinbaren konnten. Insgesamt kündigten zehn Lehrer, vor allem solche, die langjährig in Niederhasli unterrichtet hatten und sehr beliebt waren. Eine davon ist Mary Maissen. Sie bedauert vor allem die Schüler:

---

[137] «Sehr viele hängen einfach im Office herum und machen eigentlich nichts für die Schule.» Unmut wegen Unterrichtsmodell, Fernsehen SRF, Schweiz aktuell, 06.11.2015

[138] Schlechte Noten für Schulprojekt. SonntagsZeitung, 05.06.2016

[139] Schule ohne Noten. Beobachter Nr. 16, 05.08.2016, S. 20

[140] A.a.O.

«Mir tun die Schüler leid, sie werden als Versuchskaninchen benutzt.»[141]

Auch Jean-Daniel Amuat, der dreissig Jahre lang mit bestem Ruf in Niederhasli unterrichtete, hat gekündigt. Er begründet diesen Schritt wie folgt:

«Die Aufgabe des Lehrers besteht darin, dafür zu sorgen, dass die Schüler etwas lernen. Man kann sie nicht einem iPad überlassen. Mit dem selbstorganisierten Lernen delegiert man alles an die Schüler und drückt sich vor der Verantwortung.»[142]

Aufsichtsbeschwerde gegen Schulleiter

Als die Eltern von Niederhasli erkannten, dass ihre Kinder bei dieser «Unterrichtsform» wenig lernten, trugen sie ihre Bedenken dem Schulleiter und der Schulpflege vor. Sie blitzten ab. Deshalb reichten sie eine Aufsichtsbeschwerde gegen die Schulleitung an das kantonale Volksschulamt ein – ohne zu wissen, dass das Modell gerade von dort gefördert wird. Auch dort blitzten sie ab. Um sich trotzdem Gehör zu verschaffen, organisierten sie eine öffentliche Kundgebung:

«Unzufriedene Eltern, Grosseltern, Nachhilfelehrer und Sympathisanten [versammelten sich] auf dem Schulhausplatz.»[143]

Auf ihren Transparenten standen Slogans wie «SOL = Stress, Ohnmacht, Leiden», «SOL = Schule ohne Lehrer» oder «SOL = SOS». Dieser Elternprotest löste ein breites Echo in der ganzen Schweiz aus. In der Nachbargemeinde wurde die bereits geplante «Schulreform» wieder abgesagt.[144]

---

[141] Schlechte Noten für Schulprojekt. A.a.O.

[142] A.a.O.

[143] Niederhasli: Eltern-Demonstration gegen Schulmodell. Fernsehen SRF, Schweiz aktuell, 09.11.2015

[144] Schlechte Noten für Schulprojekt. SonntagsZeitung, 05.06.2016

Doch die Luzerner Gemeinden Egolzwil, Entlebuch und Hohenrain wollen das «SOL»-Modell sogar in der Primarschule einführen![145] Das wird das profitorientierte deutsche Unternehmen «SOL-Institut» in Ulm freuen. Die Firma verkauft ihre Vorstellung vom «selbstorganisierten Lernen» als Marke. Auch die Schulen von Niederhasli und Pratteln liessen sich bei der Umsetzung des «SOL»-Modells von der Ulmer Firma begleiten.[146] Werden auch Egolzwil, Entlebuch und Hohenrain die Dienste der deutschen Firma in Anspruch nehmen?

Schulleiter in Rheineck als Unternehmer

In der St. Gallischen Gemeinde Rheineck wurde mit Stefan Gander ein weiterer «innovativer» Schulleiter gewählt, der die Oberstufe total umkrempeln will. Bis dato funktionierte die Oberstufe Rheineck vorbildlich. Praktisch alle Schulabgänger fanden direkt nach dem Schulabschluss eine Lehrstelle oder einen Platz an einer weiterführenden Schule.[147] Das wird sich in Zukunft wohl ändern, denn Gander kündigte bereits an:

«Wir lösen alte Strukturen auf und entfernen uns vom Schulklassen-Denken [...]. Die Oberstufe Rheineck ist ein Unternehmen, das ich übernommen habe und in dem ich Anpassungen vornehmen werde.»[148]

Pythagoras an der Stehbar

Als erste «Anpassung» will Gander den Informatikbereich erneuern. Er hat bereits die Anschaffung von Laptops geplant und will die Schulräume zu «Lernumgebungen» umbauen, in denen die Schüler «individualisiert» lernen können. Gander erklärt:

---

[145] A.a.O.

[146] Die Revolution von Niederhasli. SonntagsZeitung, 25.10.2015; Lerne zu lernen! Neue Zürcher Zeitung, 17.11.2014

[147] Im Jahr 2016 hatten 97 Prozent aller Schulabgänger von Rheineck bereits im Januar eine Lehrstelle oder einen Platz an einer weiterführenden Schule.

[148] Der Unternehmer im Lehrer. St. Galler Tagblatt Online, 26.01.2016

«Ich habe schon an Schulen gearbeitet, in denen man in Gross-raumbüros unterrichtete: An der Stehbar erklärte ich den Schülern den Satz des Pythagoras; sobald sie die Theorie verstanden hatten, arbeiteten sie selbständig weiter.» [149]

Dass viele Schüler den Satz des Pythagoras ohne die sorgfältige Anleitung des Lehrers nicht verstehen werden und auch nicht anwenden können, kümmert Gander offenbar nicht. Er weiss, dass nicht alle seine «Reformen» gutheissen werden, doch er hat Rückendeckung «von oben»:

«Die Schulkommission weiss, wen sie mit mir gewählt hat.»[150]

Gander brüstet sich damit, dass er schon mehrere Schulen im In- und Ausland in ähnlicher Weise umgekrempelt habe. Nun wolle er das Modell auch im Kanton St. Gallen einführen.

Widerstand in Ebnat-Kappel

Auch in Ebnat-Kappel (SG) wurde die Schule von einem «innovativen» Schulleiter umgekrempelt. Neu sollen die Primarschüler selbst entscheiden, ob, was und wie sie lernten. Lehrer, die damit nicht einverstanden waren, wurden unter Druck gesetzt. Daraufhin kündigten sechs langjährige Lehrpersonen. Solcher Widerstand sei normal und gehöre zum Veränderungsprozess, erklärte der Schulratspräsident von Ebnat-Kappel.[151] Wie es weitergeht, wird man sehen ...

---

[149] A.a.O.

[150] A.a.O.

[151] Schulentwicklung spaltet Gemüter. St. Galler Tagblatt, 29.12.2017

6. Familien leiden – Kinderärzte warnen

Die erwähnten Schulen von Pratteln, Niederhasli, Rheineck und Ebnat-Kappel sind Vorreiter für das «individualisierende» und «selbstgesteuerte» Lernen. Gleichwohl unterrichten viele Schulen weiterhin nach bewährten pädagogischen Prinzipien. Doch Lehrkräfte, Schulleiter und Schulbehörden geraten zunehmend unter Druck, die «individualisierenden» Lernformen anzuwenden. An den Pädagogischen Hochschulen werden praktisch nur noch diese Methoden unterrichtet. Was aber bedeutet das für die betroffenen Kinder und Familien?

Verordnete Gleichgültigkeit

Ein alltägliches Beispiel: Die Mutter eines Sechstklässlers will mit ihrem Sohn für eine Deutschprüfung lernen. Dabei stellt sie fest, dass die Prüfungsunterlagen aus nicht korrigierten und oft falsch gelösten Aufgaben bestehen. Wie soll ihr Sohn daraus lernen? fragt sie sich. Sie korrigiert die Fehler, lernt mit ihrem Sohn und dieser schreibt eine gute Note. Ohne ihre Unterstützung hätte er eine ungenügende Note erhalten. Nach der Prüfung will die Mutter die Situation mit der Lehrerin besprechen. Doch diese erklärt ihr, dass die Schüler ihre Arbeiten selbst korrigieren müssten, um selbständig zu werden. Die Mutter ist fassungslos, wie gleichgültig die Pädagogin ihrer Aufgabe gegenübersteht. Wie die meisten Mütter weiss sie nicht, dass dieser Unterrichtsstil den Lehrern «von oben» aufgenötigt wird.

Immer wieder berichten Eltern, dass Lehrkräfte anfänglich strukturiert und lernzielorientiert unterrichten, dann aber ihren Unterrichtsstil im Sinne des «Individualisierens» ändern – offenbar auf Weisung ihrer Vorgesetzten. Die verordnete Gleichgültigkeit bewirkt bei den Schülern das Gefühl, es sei gleichgültig, was und wie sie arbeiten. Sie gewöhnen sich an ein ödes und interesseloses Abarbeiten von Aufträgen, deren

Resultate niemanden interessieren. In einem solchen Klima geistloser Betriebsamkeit entwickeln manche einen regelrechten Widerwillen gegen das Lernen.

Einsam vor dem Wochenplan

So ist es heute bereits vielerorts eine traurige Realität, dass Kinder Tag für Tag einsam vor ihrem Wochenplan sitzen. Sie pröbeln herum, kommen nicht recht voran und sind nie sicher, ob es richtig ist, was sie machen. Dabei verlieren sie immer mehr die Zuversicht beim Lernen. Am stärksten betroffen sind Kinder, deren Eltern ihnen wenig Unterstützung geben können.

Durch das «Individualisieren» werden auch die Beziehungen der Schüler untereinander geschwächt. Weil jeder an etwas anderem arbeitet, fehlt den Schülern der Vergleich mit den Gleichaltrigen. Einige glauben, sie hätten als einzige Probleme, und beginnen, sich für Versager zu halten. Andere neigen eher dazu, sich zu überschätzen, weil niemand sie korrigiert. Sowohl die Unterschätzung als auch die Überschätzung der eigenen Leistung gefährden den Aufbau eines realistischen Selbstwertgefühls.

Tägliche Dramen bei den Hausaufgaben – Streit in den Familien

Immer mehr Eltern berichten, dass ihre Kinder bedrückt, missmutig, gelangweilt oder aggressiv nach Hause kommen und wenig von der Schule erzählen. Statt dessen fangen sie mit ihren Geschwistern Streit an und machen sich nur widerwillig an die Hausaufgaben. Dabei kommt es nicht selten zu täglichen Streitsituationen und Dramen.

Eltern rätseln, warum sie ihren Kindern täglich stundenlang bei den Hausaufgaben helfen müssen und dennoch nicht fertig werden. Oft sind die Aufgaben so verwirrend und unklar, dass nicht einmal die Eltern sie verstehen.[152] Manchmal sind sie viel zu leicht, andere Male viel zu schwierig. So musste eine Fünftklässlerin im Kanton Zürich zum ersten Mal in ihrer ganzen Schulzeit ein Diktat üben. Es war so lang und schwierig, dass sogar Oberstufenschüler damit Mühe hätten. Inhaltlich geht es um die Preisschwankungen auf dem internationalen Erdölmarkt. Was soll ein elfjähriges Kind damit anfangen? Zudem enthält der Text unzählige Fremdwörter, Nebensätze und Kommas, obwohl Nebensätze und Kommaregeln in der Schule nie besprochen wurden. Ist es verwunderlich, wenn Schüler bei solchen Aufgaben Mut und Freude am Lernen verlieren?

Sprechen Eltern solche Situationen bei Elterngesprächen an, werden sie von den Lehrkräften nicht selten als überbesorgt oder altmodisch hingestellt. Immer wieder bekommen Eltern zu hören, ihr Kind sei das einzige, das mit den «modernen» Unterrichtsmethoden Mühe hätte, vielleicht habe es ein «ADS» und brauche Ritalin …

Die geschilderten Schulprobleme können schwere Konflikte in den Familien verursachen. Die Kinder werden immer störrischer, der Streit unter den Geschwistern nimmt zu, die Eltern sind ratlos. Viele suchen den Fehler bei sich selbst, bei ihrem Kind oder beim Ehepartner. Dies führt nicht selten zu ehelichen Zerwürfnissen oder sogar Ehekrisen.

Zunahme von Mobbing

Eine weitere Folge des «Individualisierens» ist eine Zunahme von Mobbing, wie Kinderpsychologen berichten.[153] Mobbing ist für Lehrer nicht immer leicht zu erkennen. Denn «Mobber» plagen ihre Opfer typischerweise so, dass die Erwachsenen es nicht sehen. Dennoch gibt es Anzeichen für Mobbing, die von

---

[152] In den 1990er Jahren versuchten die «Schulreformer» gegen den Widerstand der Eltern, die Hausaufgaben abzuschaffen (S. 36/99). Heute gestalten sie die Hausaufgaben so zeitaufwendig und verwirrend, dass viele Eltern froh wären, sie würden verschwinden.

[153] Eigene Beobachtung und Berichte von Kollegen ab Ende der 1990er Jahre

Lehrern erkannt werden können. Werden diese Anzeichen wahrgenommen und aufgegriffen, kann der Lehrer das Mobbing stoppen. Er muss dabei eine klare Haltung zeigen und seine Führungsverantwortung wahrnehmen.[154]

Beim «individualisierenden» Unterricht kann das Mobbing über lange Zeit vollkommen unbemerkt stattfinden, weil der Lehrer nicht mehr in Beziehung mit der ganzen Klasse ist. Zudem ist das «Individualisieren» oft mit der Ideologie verbunden, die Kinder müssten ihre Beziehungen untereinander selbst regeln – ohne die Hilfe der Erwachsenen. Dadurch gewinnen rücksichtslose Schüler leicht die Oberhand und dominieren, während schüchterne und rücksichtsvolle Kinder ihnen schutzlos ausgeliefert sind. Mobbingopfer leiden oft noch als Erwachsene unter der traumatisierenden Erfahrung.

Exodus in Privatschulen

Die beschriebenen Probleme in heutigen Schulen – Leistungsabfall, Schulversagen, Vereinsamung und Mobbing – führen dazu, dass immer mehr Eltern ihre Kinder in Privatschulen schicken oder zu Hause im «Homeschooling» unterrichten.[155] Zur Zeit findet ein regelrechter «Exodus in Privatschulen» statt, speziell in Gemeinden, in denen die «individualisierenden» Lernformen weit fortgeschritten sind.[156]

Im Kanton Zürich, einem Vorreiterkanton in Bezug auf die «Schulreformen», hat die Zahl der Privatschulen in nur sieben Jahren um zwanzig Prozent zugenommen. In einzelnen Gemeinden werden bereits bis zu einem Viertel der Kinder privat unterrichtet.[157] Der Historiker und Pädagoge Carl Bossard ist besorgt. Er sieht in dieser Entwicklung deutliche Anzeichen

---

[154] Alsaker Françoise: Mutig gegen Mobbing in Kindergarten und Schule. Bern 2012

[155] In Thalheim ist «Homeschooling» ein heisses Thema. Andelfinger Zeitung, 25.10.2015

[156] Streit um neues Schulmodell. Neue Zürcher Zeitung, 16.07.2014

[157] Boomende Privatschulen. Radio SRF, 30.06.2017

dafür, dass die Volksschule ihren Auftrag nicht mehr ausreichend erfüllt.[158]

Auch private Nachhilfeinstitute boomen. Nachhilfelehrer berichten, dass Schüler oft massiv im Rückstand sind. Sie kennen zwar viele Begriffe oder auch Fakten vom Hörensagen – zum Beispiel den Satz des Pythagoras –, verstehen sie aber nicht. «Manchmal muss ich wieder bei Null anfangen», berichtet Nachhilfelehrer Baer, der auch Schüler aus Niederhasli unterrichtet. «Wir nennen sie ‹SOL-Opfer›», fügt er hinzu.[159]

Kinder aus benachteiligten oder grossen Familien können sich solchen Privatunterricht oder gar Privatschulen nicht leisten. Dies führt zu einer zunehmenden sozialen Spaltung, die unserem direktdemokratisch fundierten Schulsystem völlig zuwiderläuft und die es bisher in der Schweiz nicht gab.

Kinderärzte warnen

Kinderärzte beobachten eine deutliche Zunahme von psychischen Störungen und Verhaltensauffälligkeiten bei Kindern. Sie vermuten einen Zusammenhang mit dem «individualisierenden» Lernen. Der Leitende Arzt am Ostschweizer Kinderspital St. Gallen, Professor Jürg Barben, und Arnold Bächler, Facharzt für Kinder- und Jugendmedizin in St. Gallen, halten fest:

> «Unsere Skepsis gegenüber dem selbstorganisierten Lernen in den ersten Schuljahren beruht auf der neurophysiologischen Tatsache, dass die dafür erforderlichen […] Funktionen […] erst mit zwanzig Jahren voll ausgebildet sind. Selbstorganisiertes Lernen im eigentlichen Sinn ist deshalb erst im höheren Schulalter und in der Erwachsenenbildung möglich.»[160]

---

[158] Haben Sie noch Vertrauen in die Volksschule? Radio SRF, 29.06.2017

[159] Schlechte Noten für Schulprojekt. SonntagsZeitung, 05.06.2016

[160] Barben Jürg & Bächler Arnold: Geht der Lehrplan 21 uns Pädiater etwas an? Kinderärzte Schweiz Nr. 01/2016, S. 12f.

Deshalb sind Kinder und Jugendliche mit dem «selbstorganisierten» Lernen überfordert. Viele reagieren auf die ungeeignete Unterrichtsform mit Entmutigung, sozialem Rückzug, Konzentrations- und Aufmerksamkeitsstörungen, Hyperaktivität, störendem Verhalten, Leistungsabfall, Schulversagen, Schulverweigerung, Schlafstörungen oder Ängsten.

Pädagogikprofessoren fordern Stopp der Reformen

Um die Problematik bekannt zu machen, organisiert das Ostschweizer Kinderspital gemeinsam mit dem Verein Ostschweizer Kinderärzte eine öffentliche Veranstaltungsreihe, in der namhafte Persönlichkeiten und Wissenschaftler zu Wort kommen.[161] Das bisherige Fazit des Chefarztes Jugendmedizin am Ostschweizer Kinderspital, Josef Laimbacher, lautet:

> *«Psychosomatische Störungsbilder sind häufig Ausdruck verzweifelter Kinder. Bauchschmerzen, Übelkeit bis zum Erbrechen, zum Beispiel morgens vor der Schule, Kopfschmerzen oder Schlafstörungen sind solche Krankheitsbilder [...]. In den letzten Jahren häufte sich auch das Phänomen der Schulvermeidung und -verweigerung.»[162]*

Solche Stimmen müssten zum Weckruf für die Politik werden. Pädagogikprofessoren aus der ganzen Schweiz fordern einen «Stopp der Reformhektik im Bildungswesen».[163] Verantwortungsbewusste Persönlichkeiten schlagen vor:

> *«Bevor jemand weiter am System herumschraubt, sollen die Politiker besser das Chaos ordnen, das in den letzten Jahren angerichtet worden ist.»[164]*

Doch was tun die Erziehungsdirektionen statt dessen? Sie planen mit dem «Lehrplan 21» bereits die nächste «Grossreform»

---

[161] Ärzte hinterfragen den Lehrplan. St. Galler Tagblatt, 11.03.2015

[162] Kinderärzte wollen beim Lehrplan 21 mitreden. St. Galler Tagblatt, 18.04.2015

[163] Memorandum. Mehr Bildung – weniger Reformen. www.walterherzog.ch/politik, 02.01.2018

[164] An der Schule muss es wieder mehr Lust als Frust geben. SonntagsZeitung, 16.08.2015

und legen damit die Axt an die noch bestehenden Grundstrukturen unserer Volksschule. Wie kommen sie dazu? Ein
Blick einige Jahrzehnte zurück gibt Aufschluss.

III. Hintergründe

1. Eine OECD-Konferenz von 1961 in Washington

Im Jahr 1961 fand in Washington eine Konferenz der neu gegründeten «Organisation für wirtschaftliche Zusammenarbeit und Entwicklung» (OECD) statt, damals bestehend aus zwanzig vorwiegend westeuropäischen Ländern.[165] Die Konferenz in Washington war die erste politische Konferenz der OECD, und sie galt dem Thema Bildung.[166] Präsidiert wurde sie vom US-Ökonom und Gründungspräsidenten Philip H. Coombs, einem hohen Funktionär der US-Regierung.[167]

US-Funktionär propagiert Schulreformen

Das Haupttraktandum dieser Konferenz war ein Totalumbau der nationalen Bildungssysteme. Die Mitgliedstaaten wurden aufgefordert, ihre Bildungssysteme gemäss Vorgaben umzubauen, die an der Konferenz bekanntgegeben würden. Diese unglaubliche Forderung begründete Coombs mit der dynamischen Entwicklung von Wirtschaft und Technik:

> *«Die Menschheit [ist] in eine neue und dynamische Ära eingetreten*
> *[…] [und braucht] einen höheren Bildungsstand.»[168]*

In Wirklichkeit waren die europäischen Bildungssysteme damals in einem ausgezeichneten Zustand, während das

---

[165] OECD = Organisation for Economic Co-operation and Development. Die 20 Gründungsmitglieder waren: Belgien, Dänemark, England, Frankreich, Griechenland, Holland, Irland, Island, Italien, Kanada, Luxemburg, Norwegen, Österreich, Portugal, Schweden, Schweiz, Spanien, Türkei, USA Westdeutschland. Inzwischen kamen 14 Länder dazu: Australien, Chile, Estland, Finnland, Israel, Japan, Mexiko, Neuseeland, Polen, Slowakei, Slowenien, Südkorea, Tschechien und Ungarn.

[166] OECD: Policy Conference on Economic Growth and Investment in Education (2 Bde.). Paris 1962

[167] Philip H. Coombs war damals stellvertretender US-Staatssekretär für Bildung.

[168] Kim Myung-Shin: Bildungsökonomie und Bildungsreform. Der Beitrag der OECD in den 60er und 70er Jahren. Würzburg 1994, S. 37

amerikanische Bildungswesen derart am Boden lag, dass die Hälfte der US-Bevölkerung kaum lesen und schreiben konnte.[169] Somit hätte Coombs die Europäer vielmehr fragen müssen, wie man das amerikanische Schulsystem verbessern könnte.

Europäische Länder wehren sich

Die europäischen Ländervertreter waren schockiert über Coombs Forderung. Für sie war Bildung ein nationales Kulturgut und Hoheitsrecht, in das sich keine fremde Macht einmischen durfte. Empört wiesen sie Coombs Ansinnen zurück:

> *«Jedes Land, so sagten manche Delegierte, tue auf dem Gebiet des Bildungswesens – der nationalen Tradition und dem Wunsch der Wähler Rechnung tragend – das Erforderliche. Was andere täten, hätte darauf keinen Einfluss.»[170]*

Doch Coombs beharrte:

> *«Alle Länder, ob reich oder arm, müssen ihre Lehrpläne, Schulstrukturen [...] und Unterrichtsmethoden gründlich revidieren. Erstarrte Strukturen sind aufzulösen, verstaubte Traditionen durch innovative Konzepte zu ersetzen [...]. Alle Schulen brauchen permanente Evaluationsprozesse.»[171]*

Polemisch fügte er an:

> *«Ist es wirklich heute noch nötig, dass die Schüler sechs Stunden am Tag stillsitzen und zum Lehrer starren? Hat die klassische Fächeraufteilung heute noch Sinn?»[172]*

---

[169] Matthias Leo Lawrence: Die Kehrseite der USA. Hamburg 1985, S. 222 ff.

[170] Europarat: Wirtschaftswachstum und Bildungsaufwand. Wien 1966, S. 7

[171] Coombs Philip H.: The World Educational Crisis. New York 1968, S. 175f.

[172] A.a.O.

Übernahme amerikanischer Vorgaben

Coombs Forderungen zeigen eine erstaunliche Ähnlichkeit mit den heutigen Forderungen der «Schulreformer». Erstaunlicherweise gelang es ihm, seine Forderung trotz anfänglichem Widerstand der Europäer durchzusetzen. In einem späteren Bericht über die Konferenz steht:

> *«Obwohl die Konferenz [von 1961] keine Beschlüsse fasste, war ihre Wirkung weitreichend [...]. Die Regierungen der Mitgliedsländer der OECD beauftragten das Sekretariat dieser Organisation, die Entwicklung auf den in Washington empfohlenen Linien zu fördern [...]. Es ist selten, dass eine Konferenz so sichtbar die Politik vieler Länder verändert.»[173]*

Das war der Anfang der «Schulreformen» in Europa.[174] Wie war das möglich?

---

[173] Europarat: Wirtschaftswachstum und Bildungsaufwand. Wien 1966, S. 9f.

[174] Martens Kerstin & Wolf Klaus-Dieter: Paradoxien der Neuen Staatsraison. Die Internationalisierung der Bildungspolitik in der EU und der OECD. Zeitschrift für Internationale Beziehungen 2/06, S. 166

2. Amerikanische Schulreformen in Europa

Der Bildungsforscher und Soziologe Roman Langer und weitere Experten untersuchten die Frage, wie die «Schulreformen» nach Europa kamen.[175] Dabei kommt Langer zum Schluss, dass die USA ihre Vormachtstellung nutzten, um die OECD und andere internationale Organisationen zu steuern und sie als «Instrumente des Wandels» einzusetzen:

> *«Innerhalb [des] internationalen Systems nehmen mächtige Staaten, zuerst vor allem die USA [...] eine Vormacht-Position ein, die sie behalten möchten.» – Sie «instrumentalisieren die internationalen Organisationen [wie die OECD], um sich [...] durchzusetzen.»*[176]

Die Manipulationsmethoden der OECD

Wie aber konnte die OECD auf einzelne Staaten Einfluss nehmen, obwohl sie keine formalen Machtbefugnisse besitzt? Die Politikwissenschaftlerin Tonia Bieber ging dieser Frage nach. In ihrer empirischen Studie – erstellt an der Universität Bremen – stellte Bieber fest, dass die OECD erstaunlich wirksame Steuerungsmechanismen anwendet, obwohl sie den Ländern formal nichts vorschreiben kann.[177] Die Autorin fasst die Einflussmethoden der OECD unter dem Begriff «sanfte Steuerung» («soft governance») zusammen und unterscheidet fünf Techniken:

---

[175] Langer Roman (Hrsg.): Warum tun die das? Governanceanalysen zum Steuerungshandeln in der Schulentwicklung. Wiesbaden 2008

[176] Langer Roman: Warum haben die Pisa gemacht? In. Langer Roman (Hrsg.): a.a.O., S. 66/68

[177] Bieber Tonia: Soft Governance in Education. Sanfte Steuerungsmechanismen in der Bildungspolitik. Die Pisa Studie und der Bologna Prozess in der Schweiz. Universität Bremen und Jacobs University Bremen, 2010

1. Einspeisen von Ideen in nationale Debatten («discursive dissemination»),
2. Definition willkürlicher Standards, um künstliche Leistungsvergleiche anzustossen («standard setting»),
3. Finanzierung von Projekten (in der Schweiz nicht erforderlich),
4. Koordination von Projekten, um deren Umsetzung zu kontrollieren,
5. Anbieten von technischer Unterstützung, um dabei Inhalte einfliessen zu lassen.[178]

Beim Einsatz dieser Steuerungsinstrumente geht die OECD stets nach dem gleichen Muster vor: Als erstes knüpft sie Kontakte in die betreffenden Länder und nimmt gezielt Einfluss auf bestimmte Gruppen, beispielsweise Gewerkschaften, Wissenschafter, Berufsverbände oder Journalisten. Über diese Zielgruppen stösst sie nationale Debatten und «Reformprojekte» an, ohne selbst in Erscheinung zu treten. Lokale Verantwortungsträger werden eingebunden, ohne genau zu wissen, welche Ziele sie unterstützen. In Verbandsorganen, Fachzeitschriften und Büchern werden lobende Artikel über die angestossenen Projekte publiziert – verfasst oder unterschrieben von Kontaktpersonen der OECD. Kongresse und Weiterbildungsveranstaltungen dienen der weiteren Verbreitung dieser Projekte. Gremien werden neu gebildet oder bestehende instrumentalisiert, um weitere Kreisen zu interessieren. Gezielt wird so der Eindruck erweckt, es herrsche allgemeiner Konsens bezüglich dieser Projekte. So wird ein eigentlicher «Reformdruck» erzeugt. Verstärkt wird dieser «Reformdruck» durch die willkürlich definierten Standards, die zu künstlichen Wettbewerben führen. Eine inhaltliche Diskussion über die Standards findet nicht statt. Sie werden ohne Begründung zur «best practice» erklärt.[179]

---

[178] A.a.O., S. 3

[179] Vgl. zur politischen Manipulation: Barben Judith. Spin doctors im Bundeshaus. Gefährdungen der direkten Demokratie durch Manipulation und Propaganda. Baden 2009

Gruppendruck durch Peer reviews

Alle diese manipulativen Techniken fliessen im Standardverfahren der OECD zusammen, den «Peer reviews».[180] «Peer reviews» werden zwischen Schulen ebenso angewendet wie zwischen Ländern. Auf internationaler Ebene beschreibt die OECD ihr Verfahren wie folgt:

«Bei den Peer reviews geht es um die Leistungsüberprüfung von Staaten durch andere Staaten. Das Ziel der Methode besteht darin, dem Staat, der geprüft wird, zu helfen, dass er seine Politik verbessert und stets die Methoden der ‹best practice› anwendet [...].

Der Schlüssel zur Effizienz der Peer reviews ist der ‹Gruppendruck› [‹peer pressure›], der durch diejenigen Staaten ausgeübt wird, welche den betreffenden Staat überprüfen [...].

Das OECD-Sekretariat unterstützt den Prozess, indem es die Dokumentation und Analyse der Peer reviews übernimmt, Zusammenkünfte organisiert, Aufgaben verteilt, Diskussionen anregt und die Kontinuität gewährleistet [...].

Durch die flankierenden Wirkungen des Gruppendrucks – Überzeugung durch andere Staaten sowie Druck der öffentlichen Meinung im eigenen Land – sind Peer reviews Beschleuniger für verbesserte Leistungen von Regierungen.»[181]

---

[180] Der Begriff könnte durch «Begutachtung durch Gleichrangige» übersetzt werden.

[181] The OECDs peer review process. A tool for co-operation and change. Peer review at a glance: «Peer review is basically an examination of one state's performance or practices [...] by other states. The point of the exercise is to help the state under review improve its policymaking, adopt best practices and comply with established standards and principles [...]. The key to the effectiveness of peer reviews is the ‹peer pressure› exerted by the states carrying out the review [...]. The OECD secretariat supports the process by producing documentation and analysis, organising meetings and missions, stimulating discussion and maintaining continuity. [...] Through the accompanying effect of peer pressure – both persuasion by other countries and the stimulus of domestic public opinion – peer review can act as a catalyst for improved government performance.» www.oecd.org/site/peer review/peerreviewataglance.htm, 12.12.2017

So werden die Staaten durch «peer reviews» zu künstlichen Konkurrenten gemacht und durch den gegenseitigen Gruppendruck in jene Richtung gesteuert, welche die OECD anstrebt. Die angebliche «öffentliche Meinung im eigenen Land» ist dabei häufig nur die «veröffentlichte Meinung» bestimmter Journalisten oder Redaktoren, die von der OECD gesteuert werden.

Mit solchen und ähnlichen Methoden wurden die europäischen Staaten dazu gebracht, Schritt für Schritt die in Washington vorgegebenen Standards zu übernehmen.

Gesamtschulen nach amerikanischem Vorbild

Als erste Massnahme nach der Konferenz in Washington von 1961 wurden in Europa die Gesamtschulen eingeführt. Damit wurden die bisher in Europa üblichen dreigliedrigen Oberstufensysteme in Frage gestellt. Denn in den Gesamtschulen gibt es keine Schultypen mehr. Alle Schüler werden von Anfang bis Ende ihrer Schulzeit gemeinsam geschult – ungeachtet ihrer Fähigkeiten und Neigungen.

In den USA gab es die Gesamtschulen bereits. Sie heissen dort High Schools und trugen zur amerikanischen Bildungsmisere bei. Denn viele Schüler werden in den Gesamtschulen überfordert oder unterfordert. Die stabilen Klassenstrukturen lösen sich auf und werden durch wechselnde «Niveaugruppen» ersetzt. So fehlt vielen Schülern die verbindliche Anleitung und Orientierung durch einen Lehrer, der ihnen Rückhalt und Sicherheit beim Lernen gibt. Trotz der negativen Erfahrung in den USA wurde dieser Schultyp auch in Europa eingeführt.

Gesamtschulen würden die Bildungschancen der sozial Benachteiligten verbessern, hiess es.[182] Den Beweis für diese Behauptung sind die «Schulreformer» bis heute schuldig geblieben.

---

[182] Kim Myung-Shin: Bildungsökonomie und Bildungsreform. Der Beitrag der OECD in den 60er und 70er Jahren. Würzburg 1994, S. 46–50

Als erstes europäisches Land führte Schweden die Gesamtschulen ein – bereits ein Jahr nach der Konferenz in Washington, nämlich im Jahre 1962. Sie wurden dort «Grundskola» genannt. England folgte 1965 mit den «Comprehensive Schools», Deutschland 1967 mit den Gesamtschulen und Frankreich 1975 mit den «Collèges uniques». In allen Ländern führte der neue Schultyp zum gleichen Ergebnis: Das Bildungsniveau sank, Jugendverwahrlosung und Jugendgewalt nahmen zu.[183] So hielten auch Fachleute fest:

Gesamtschulen produzieren «eine neue, verschärfte Ungleichheit [...], die psychologisch gerade die Schüler im unteren Leistungsbereich benachteiligt.»[184] – «Ginge es nach den Ergebnissen [...], so müssten alle diese Schulen längst geschlossen sein.»[185]

Tony Blair und die Chancengleichheit

Doch die Gesamtschulen wurden nicht geschlossen, sondern weiter propagiert. In England machte sich der Labour-Führer und spätere Premierminister Tony Blair für die «Comprehensive Schools» stark. Seine eigenen Kinder schickte er jedoch in exklusive Privatschulen.[186] Dasselbe taten weitere Politiker in England, Deutschland und anderen Ländern. Öffentlich propagierten sie Gesamtschulen, doch privat schickten sie ihre Kinder in gegliederte («selektive») Schultypen. Bald hatten in diesen Ländern nur noch die Kinder wohlhabender Eltern echte Bildungschancen. Die Mehrheit musste mit den viel schlechteren Gesamtschulen Vorlieb nehmen.[187] Somit

---

[183] Gesamtschule auf dem Prüfstand. Eine Max-Planck-Studie stellt dem Reform-Modell schlechte Noten aus. Die Welt, 26.03.1997

[184] Lehreraufstand gegen eine Reformschule. Neue Zürcher Zeitung, 09.03.1995

[185] Kraus Josef: Das Debakel der Einheitsschule. Frankfurter Allgemeine Zeitung, 05.08.1996

[186] Wirbel um die Erziehungspolitik Labours. Zwischen egalitärem Programm und elitärer Praxis. Neue Zürcher Zeitung, 23.01.1996

[187] Kraus Josef: a.a.O.

führten die Gesamtschulen zu einer Entsolidarisierung der Gesellschaft und zu einer Abnahme der Bildungschancen für die sozial Benachteiligten – ganz im Gegensatz zu den anfänglich gemachten Versprechungen.

Englische Schüler können nicht mehr rechnen

Mit den Gesamtschulen kamen auch die «neuen Lernformen» nach Europa, die ja bereits von Coombs propagiert worden waren (S. 78). So wurde das «individualisierte Lernen» in Schweden und England bereits in den 1970er Jahren eingeführt.[188] Zwei Jahrzehnte später war die Hälfte der englischen Schüler nicht mehr in der Lage, einfache Rechenaufgaben zu lösen.[189] Die Schweizer Schüler hingegen, die damals noch im Klassenunterricht lernten, konnten dieselben Aufgaben meist problemlos lösen. Die Autoren einer Vergleichsstudie halten fest:

> *«Nur gerade die Hälfte der englischen Schüler war in der Lage, ihre Mathematikaufgaben erfolgreich zu lösen, während fast alle Schweizer Schüler dies konnten.»[190]*

Der direkte Vergleich zwischen englischen und Schweizer Volksschülern war möglich, weil einige englische Schulforscher regelmässig in die Schweiz reisten, um den erfolgreichen Schweizer Klassenunterricht zu studieren. Das Versagen der englischen Schüler führten sie klar auf die verfehlte englische Methode des «Individualisierens» zurück. Dies unterstrich auch die Zeitung «Sunday Times»:

> *«Die englische Methode beruft sich auf die Unterschiedlichkeit der Schüler, doch in Wirklichkeit vergrössert sie diese.»[191]*

---

[188] Das ist die schwedische Gesamtschule. Broschüre der schwedischen Botschaft. Svenska Utbildningsförlaget 1971

[189] Prais Sig & Bierhoff Helvia: Studie im Auftrag des National Institute of Economic and Social Research. 1995

[190] Prais Sig & Bierhoff Helvia: a.a.O.

[191] Sunday Times, 12.02.1995

Schulreformen aus den USA

Da die meisten «Schulreformen» aus den USA stammen, wird im folgenden die Entwicklung des amerikanischen Schulwesens kurz nachgezeichnet. Ursprünglich waren die amerikanischen Schulen wie diejenigen Europas auf das systematische Erlernen von Kulturtechniken und grundlegenden Wissensinhalten ausgerichtet.

Doch seit Anfang des 20. Jahrhunderts gewannen die «progressiven» Ideen des amerikanischen «Schulreformers» John Dewey zunehmend Einfluss.[192] Bereits 1915 (!) propagierte Dewey, Lernen müsse vor allem Spass machen, Moralvorstellungen seien überflüssig, Lerntempo und Lernstoff seien dem einzelnen Schüler anzupassen, und die bisherigen Strukturen seien aufzulösen.[193]

Der Einfluss von John Dewey

Unter dem Einfluss von Deweys Ideen verschlechterte sich das amerikanische Schulwesen von Jahr zu Jahr. Die Lesefähigkeit der Schüler nahm ab. 1955 erschien das Buch «Warum Johnny nicht lesen kann».[194] Darin wurde der Zusammenhang zwischen der mangelhaften Lesefähigkeit und den ungeeigneten Unterrichtsmethoden aufgezeigt. Die «Schulreformen» wurden trotzdem weitergeführt. In den 1960er Jahren lag die Zahl der Analphabeten in den Vereinigten Staaten höher als in irgendeinem anderen zivilisierten Land – und dies obwohl die Kinder eine öffentliche Schule besuchten![195]

Die Bildungschancen der reichen Amerikaner hingegen blieben stets intakt. Denn sie konnten sich exklusive Privatschulen leisten. Praktisch die gesamte Führungsschicht der USA hat solche Eliteschulen durchlaufen. Auch viele Angehö-

---

[192] Bode Boyd H.: Pragmatism in Education. Deweys Contribution. Education Digest 2/1950, p. 5

[193] Dewey John & Dewey Evelyn: Schools of To-Morrow. New York 1915

[194] Flesch Rudolf Franz: Why Johnny Can't Read. New York 1955

[195] Matthias Leo Lawrence: Die Kehrseite der USA. Hamburg 1985, S. 242

rige des amerikanischen Mittelstandes schicken ihre Kinder in Privatschulen, wenn sie es ermöglichen können.

Harvard-Präsident erschüttert

Im Jahr 1961 nahm der frühere Harvard-Präsident James Bryan Conant eine gründliche Untersuchung des amerikanischen Bildungswesens vor, weil ihn der schlechte Bildungsstand vieler Amerikaner erschütterte. In seiner Untersuchung stellte er einen «dramatischen Gegensatz zwischen den Schulen in den Slums und denjenigen in den Villenvororten» fest. 99 Prozent der Jugendlichen konnten keine drei zusammenhängenden Sätze fehlerfrei schreiben! Viele konnten nur ihren Vornamen richtig schreiben.[196] Conant veröffentlichte seine Befunde, doch die «Schulreformen» nach John Dewey wurden weitergeführt.[197]

Zwanzig Jahre später (1981) war der Zustand des amerikanischen Schulwesens noch schlechter geworden. Immer mehr Familien «flüchteten» sich in Privatschulen. In seinem Buch «Warum Johnny immer noch nicht lesen kann» prangerte Rudolf Franz Flesch erneut die verfehlten Unterrichtsmethoden an.[198] Auch ausländische Medien stellten fest:

«Jeder dritte erwachsene Amerikaner, dem man auf der Strasse begegnet – sei es in ländlichen Gegenden oder in New York – ist ein Total- oder Teil-Analphabet […]. Angesichts des jämmerlichen Zustandes der öffentlichen Schulen gehen heute schon über 15 Prozent aller Kinder und Jugendlichen der USA in Privatschulen.»[199]

---

[196] A.a.O., S. 241f.

[197] Conant James Bryan: Slums and Suburbs. A Commentary on Schools in Metropolitan Areas. New York 1961

[198] Flesch Rudolf Franz: Why Johnny Still Can't Read. New York 1981

[199] In den USA leben 60 Millionen erwachsene Analphabeten. Tages-Anzeiger, 15.05.1985

Millionen von Analphabeten in den USA

Diese negativen Schlagzeilen veranlassten den US-Präsidenten Ronald Reagan, im Jahre 1981 einen nationalen Bildungsbericht erstellen zu lassen und eine sogenannte «Exzellenz-Initiative» zu starten.[200] Sie sollte angeblich das Niveau der Schulen verbessern. Weitere zehn Jahre später (1991) wird das Ergebnis der «Exzellenz-Initiative» wie folgt beschrieben:

> *«Anstrengung und Selbstdisziplin sind in den amerikanischen Grundschulen unbekannt.»[201] – «Jeder zweite amerikanische Erwachsene ist ausserstande, einen Busfahrplan zu verstehen oder ein Formular richtig auszufüllen.»[202] – «Millionen von Schülerinnen und Schülern [können] nicht richtig lesen.»[203] – «‹Mühsame› Fächer wie Mathematik und Physik [werden einfach abgewählt] […]. Beliebt sind dagegen Unterricht in Kosmetik, Technik des Autofahrens, Sexualkunde.» – «Wenn es noch eines Beweises bedurft hätte, dass mit den öffentlichen Schulen [in den USA] etwas im Argen liegt, so liefern ihn die Lehrer selbst. Jeder zweite schickt seine Kinder auf private Anstalten.»[204]*

Offensichtlich waren Deweys Ideen vom «selbstgesteuerten» und «individualisierten» Lernen» auch unter Reagans «Exzellenz-Initiative» weitergeführt worden.

Minimalste Grundkenntnisse fehlen

Ein weiteres Jahrzehnt später (2001) war es laut US-Admiral LaFleur, dem Kommandanten der amerikanischen Pazifikflotte, kaum noch möglich, geeignete Bewerber für die US-Armee zu finden. Den meisten fehlten die minimalsten

---

[200] National Commission on Excellence in Education: A nation at risk. 1983

[201] Das Ausbildungsdefizit in den USA hat bedenkliche Ausmasse erreicht. Tages-Anzeiger, 04.05.1991

[202] Schule auf Gutschein. Frankfurter Allgemeine Zeitung, 03.12.1993

[203] Wenn Schüler nicht lesen können. Die Bildungsmisere in den USA nimmt groteske Formen an. Aargauer Tagblatt, 17.04.1996

[204] Schule auf Gutschein. Frankfurter Allgemeine Zeitung, 03.12.1993

Grundkenntnisse aus der Primarschule. Nur ein Prozent sei überhaupt in der Lage, eine militärische Ausbildung zu beginnen, klagt LaFleur.[205]

The Armed Services Vocational Aptitude Battery (ASVAB) Test

Part 5—Numerical Operations	1. 3 + 9 =	2. 6 - 5 =	3. 3 X 4 =	4. 60 ÷ 15 =
	A 3	A 1	A 1	A 3
	B 6	B 2	B 7	B 4
	C 12	C 3	C 12	C 5
	D 13	D 4	D 14	D 6

Multiple-Choice-Fragen aus Mathematiktest für 18jährige Anwärter der US-Armee (Quelle: Navy – How You Can Join, 1995)

Schreiben abgeschafft

Eine neue Initiative wurde gestartet, dieses Mal von Präsident George W. Bush. Sie trat 2002 in Kraft und erhielt den klangvollen Namen «Kein-Kind-wird-zurückgelassen-Gesetz» («No Child Left Behind Act).[206] Mit dieser Initiative sollte die Qualität der öffentlichen Bildung verbessert werden. Tatsächlich hatte sie zur Folge, dass heute die Lese- und Schreibfähigkeit der meisten amerikanischen Schüler auf einem solchen Tiefstand angelangt ist, dass viele öffentliche Schulen das Erlernen des Schreibens ganz einfach aus dem Lehrplan gestrichen haben.[207] Stifte, Hefte und Bücher wurden durch Tablets und iPads ersetzt. Dies sei die «Schule der Zukunft», behaupten «Schulreformer».[208]

---

[205] Unfälle bei der US-Navy. Neue Zürcher Zeitung, 16.10.2017

[206] No Child Left Behind Act. Wikipedia, 27.12.2017

[207] 80 Prozent der High-School-Absolventen brauchen Stützkurse in Lesen, Schreiben und Rechnen, um in ein College übertreten zu können. CBS New York, 07.03.2013

[208] In Classroom of Future, Stagnant Scores. The New York Times, 03.09.2011

Ein kriegerischer Akt?

Im nationalen Bildungsbericht der USA von 1981 stand der bemerkenswerte Satz:

> *«Wenn uns ein solches System von einer fremden Macht aufgedrängt worden wäre, so wäre das als kriegerischer Akt zu werten.»*[209]

Doch die Missstände im Bildungswesen wurden den USA nicht von einer fremden Macht aufgedrängt, sondern von den eigenen Machteliten. In den USA hält seit Anfang der 30er Jahre des letzten Jahrhunderts eine ausserordentlich reiche und mächtige Oberschicht, das sogenannte «Establishment», die Fäden von Politik und Wirtschaft in der Hand.[210] Die europäischen Medien beschrieben dieses Establishment in den 1970er Jahren als eine ...

> *«... kleine Gruppe von politisch interessierten und versierten Mitgliedern der Hochfinanz, die fünfzig Jahre lang [seit 1927] ihre eigenen Leute in die wichtigsten aussen- und wirtschaftspolitischen Posten nach Washington gesandt hatte.»*[211]

Diesem «Establishment» wird vorgeworfen, es habe ....

> *«... die Wohlfahrt der internationalen und multinationalen Unternehmungen mehr im Auge [...] als die Wohlfahrt des Mannes auf der Strasse.»*[212]

Zudem profitiere das «Establishment» von den bestehenden sozialen Missständen und wolle sie deshalb «verewigen».[213]

---

[209] «If such a system had been foisted on the nation by a foreign power, it would be considered an act of war.» Schweizerische Zeitschrift für Bildungswissenschaften, 1/2007, S. 82

[210] Ganser Daniele. Illegale Kriege. Zürich 2016, S. 32–37

[211] Eine Graswurzel-Demokratie zerstückelt Amerikas Macht. Neue Zürcher Zeitung, 13.12.1977

[212] A.a.O.

[213] A.a.O.

Tatsächlich wussten herrschende Eliten schon immer, dass ungebildete Menschen besser zu beherrschen und zu manipulieren sind als gebildete. Menschen mit wenig Schulbildung können sich schlechter gegen Ungerechtigkeiten wehren als gut ausgebildete Bürger. Denn diese kennen ihre Rechte und fordern sie auch ein. Vielleicht ist dies die Erklärung dafür, warum das amerikanische Bildungswesen durch untaugliche «Schulreformen» systematisch heruntergewirtschaftet wurde.[214]

Rockefeller als Sponsor

Eine zentrale Hintergrundfigur der amerikanischen «Schulreformen» ist der Erdölmagnat John Davison Rockefeller (1839–1937), einer der reichsten Menschen der Neuzeit.[215] Im Jahr 1890 finanzierte und gründete er die Universität Chicago und machte John Dewey zum Leiter der pädagogischen Abteilung. Wenig später finanzierte und gründete Rockefeller zudem das «General Education Board», ein nationales Bildungsgremium mit offiziellem Anstrich.[216] Mit diesen beiden Instrumenten, kombiniert mit seinem enormen Einfluss in Washington und seinen beinahe unerschöpflichen Geldquellen, gelang es Rockefeller im Verlauf der kommenden Jahrzehnte, Deweys als «innovativen Pädagogen» zu etablieren und dessen Ideen in ganz Amerika zu verbreiten. Er benutzte dabei ähnliche Steuerungsmethoden wie heute die OECD (S. 82).

Die Macht der Rockefeller-Stiftung

Die von Rockefeller geförderten «Schulreformen» waren stets vom Versprechen begleitet, sie würden die Bildungschancen

---

214 Iserbyt Thompson Charlotte: The Deliberate Dumbing Down of America. Ravenna, Ohio 1999

215 The Rockefellers: The Legacy Of History's Richest Man. Forbes, 11.07.2014 (Forbes ist ein renommiertes amerikanisches Wirtschaftsmagazin)

216 Iserbyt Thompson Charlotte: The Deliberate Dumbing Down of America. Ravenna, Ohio 1999, pp. 8–11

der Armen verbessern. In Wirklichkeit wurden die Bildungschancen der Armen vernichtet, wie die beschriebene Entwicklung deutlich macht. So gelang es Rockefeller, sich das Image eines Wohltäters zuzulegen und gleichzeitig das Bildungsniveau der Bevölkerung so tief zu halten, dass sein Firmenimperium nicht bedroht wurde.

Rockefellers Strategie wurde von seinen Nachkommen weitergeführt. Die Rockefeller-Stiftung mit Sitz in New York ist heute eine der reichsten und mächtigsten Stiftungen der Welt. Mit einem geschätzten Vermögen von drei Milliarden US-Dollar nimmt sie weiterhin Einfluss auf die Bildung – auch im Ausland.[217] Dabei spielt die OECD eine entscheidende Rolle. Sie arbeitet eng mit der Rockefeller-Stiftung zusammen und verschafft ihr Einfluss in anderen Nationen.[218]

Das Schweizer Schulwesen dagegen ist demokratisch verankert. Im Geiste Pestalozzis hat es stets allen Schülern gleiche Bildungschancen ermöglicht. Wir tun gut daran, es vor fremdgesteuerten Einflussversuchen zu schützen.

---

[217] Das Vermögen der Familie Rockefeller. VermögenMagazin. www.vermoegenmagazin.de/vermoegen-der-familie-rockefeller/, 20.07.2017

[218] OECD: Venture Philanthropy in Development. Dynamics, Challenges and Lessons in the Search for Greater Impact. OECD Development Centre, Paris 2014

3. Erziehungsdirektoren als Erfüllungsgehilfen

Nach der Konferenz in Washington von 1961 fand die OECD in der Schweiz anfänglich keine Handhabe, um die in Washington beschlossenen «Schulreformen» umzusetzen. Die direktdemokratischen und föderalistischen Strukturen schützten das Land vor willkürlichen Eingriffen. Immer wieder wurden unerwünschte «Reformen» von Gemeinden und Kantonen abgelehnt.[219]

Doch auch in der Schweiz gibt es Kreise, welche die amerikanisch gesteuerten «Schulreformen» befürworten. Sie propagierten die entsprechenden Ideen schon in den 1960er Jahren, fanden aber keine Mehrheit. Deshalb beklagten sie sich über das direktdemokratische und föderalistische System der Schweiz, das «mühselige Diskussionen» nötig mache, so der bereits erwähnte (S. 45) frühere Nationalrat und langjährige «Schulreformer» Hans Zbinden:

> *«Unser föderales und damit schwer steuerbares Bildungswesen»* macht immer wieder *«mühselige innenpolitische Diskussionen [erforderlich].»*[220]

Sprachrohr für fragwürdige Schulreformen

Um sich diese «mühseligen Diskussionen» zu ersparen, begannen die genannten Kreise, die Schweizerische Erziehungsdirektorenkonferenz (EDK) für ihre Zwecke zu benutzen. Sie bauten das Gremium, das eigentlich nur der Absprache dient, in ein potentes Steuerungsinstrument um – und dies ohne

---

[219] Beispiele für «Schulreformen», die von Volk und Parlament abgelehnt wurden, siehe S. 36 (Hausaufgaben), S. 37 (Buschors «Reformpaket»), S. 45 («Kleeblatt»), S. 46 (Kindergarten), S. 62 (altersdurchmischtes Lernen)

[220] Zbinden Hans: Stiller Partner Schweiz. Laute Kleinreformen – leise Grossreformen. VPOD-Bildungspolitik, 5/2009

jegliche demokratische Legitimation.[221] In der Folge wurde die Erziehungsdirektorenkonferenz immer mehr zu einem Sprachrohr der amerikanisch gesteuerten «Schulreformen» im Sinne von John Dewey (S. 86ff.) und Philipp Coombs (S. 78).

Bereits 1991 propagierte der Präsident der Pädagogischen Kommission der EDK die Einführung einer Art Gesamtschule in der Oberstufe, die Einführung des «individualisierten» Lernens und die Abschaffung von Schulfächern.[222] 1994 erklärte der Präsident des Mathematikausschusses der EDK, es genüge vollkommen, wenn die Schüler nach neun Schuljahren noch bis hundert rechnen könnten:

> *«Zur Schaffung von Freiräumen ist es nötig, wirkliche Minimalziele festzulegen. Beispiele für die Volksschule: Arithmetik im Zahlenraum bis 100.»[223]*

Schleichende Unterhöhlung der Demokratie

Viele Beobachter verfolgten die verfassungswidrige Machtausweitung der Erziehungsdirektorenkonferenz (EDK) mit Sorge, so zum Beispiel der Sprachwissenschaftler Hans Widmer:

> *«Die schweizerische Erziehungsdirektorenkonferenz und ihr Generalsekretariat – eine schweizerische Institution, die es weder in der Bundesverfassung noch in eidgenössischen Gesetzen gibt, ein Kollektiv von sechsundzwanzig Damen und Herren, die je einer Erziehungsdirektion vorstehen und nur als Regierungsmitglieder, nicht aber für diese Funktion gewählt wurden, eine Lobby-Organisation, die von keinem Parlament kontrolliert wird, deren Kosten die Kantone kommentarlos zu schlucken haben, deren Generalsekretär mit einem Stab von rund fünfundzwanzig Beamten*

---

[221] Badertscher Hans (Hrsg.) Die Schweizerische Konferenz der kantonalen Erziehungsdirektoren. Bern 1997, S. 173 – 282

[222] Stambach Ruedi: Perspektiven für die Entwicklung des Schweizerischen Bildungswesens. Neue Zürcher Zeitung, 17.01.1991

[223] Merlo Bruno: Der Mathematikunterricht von morgen. Abschied von Pythagoras. Die Neue Schulpraxis, 1/1994

faktisch seine einseitige Ideologie dem schweizerischen Schulwesen
aufdrücken kann.»[224]

Widmer warnte vor einer Unterhöhlung der direkten
Demokratie durch die ständig wachsende Bürokratie der
Erziehungsdirektorenkonferenz:

> «*Gemäss allen Staatstheorien ist die Bürokratie eine sehr heikle*
> *Angelegenheit, da sie – im Gegensatz zu Legislative und Exeku-*
> *tive – vom Bürger nicht mit dem Stimmzettel beeinflusst werden*
> *kann.*»[225]

Ungeachtet dieser Einwände wuchs die Erziehungsdirektorenkonferenz weiter und beschäftigt heute mehr Mitarbeiter
als mancher Regierungsrat.[226] Ohne Beteiligung der Bürger
werden hinter verschlossenen Türen folgenschwerste Entscheidungen für das Schulwesen getroffen, wie Nationalrätin
Lilian Uchtenhagen bereits in den 1970 kritisierte.[227]

Lob für die Schweiz

Ohne Notwendigkeit lud die Erziehungsdirektorenkonferenz
1989 die OECD in die Schweiz ein, um unser Schulwesen von
dieser begutachten zu lassen. Die OECD-Experten kamen,
besuchten viele Schulen, knüpften viele Kontakte, führten
diverse Gespräche – und erteilten unserem Schulwesen aller-
beste Noten:

> «*Das schweizerische Bildungssystem [verfügt] in der Tat über viele*
> *positive Elemente, die man in anderen Mitgliedstaaten der OECD*
> *weder so zahlreich noch dermassen im Volk verankert findet.*

---

[224] Widmer Hans: Undemokratische Kumulation. Aargauer Zeitung, 21.06.1996; vgl.
auch: Naville Gustave. Die Chronologie einer Machtergreifung. Badener Tagblatt,
24.01.1996

[225] Widmer Hans: Das Schlingern der Bildungspolitik. Neue Zürcher Zeitung, 23.01.1996

[226] Stephan Schleiss, Zuger Erziehungsdirektor, in: SonntagsZeitung, 01.09.2013

[227] Arnet Moritz: Das Schulkonkordat vom 29. Oktober 1970. EDK Bern 2000, S. 31,
Fussnote 32

Wir konnten […] bei unseren Gesprächspartnern sehr häufig ein persönliches Engagement, eine Motivation, ein Verantwortungsgefühl und eine Handlungsfähigkeit feststellen, die durchaus mit dem verfassungsmässigen und institutionellen Rahmen des Bildungssystems [Föderalismus und direkte Demokratie] zusammenhängen. Im Ganzen erreicht das Zusammenspiel zwischen den politischen und administrativen Instanzen und den verschiedenen betroffenen Personen und Personenkreisen […] die oben erwähnten guten Leistungen, weil es sich gleichzeitig auf eine breit mitgetragene ‹Ethik der Schule› (éthique de l'école) stützen kann.»[228]

Die OECD stellte also fest, dass unser Schulsystem ausgezeichnet funktioniert und dass dieser Erfolg auf der gemeinsamen Ethik, auf der direkten Demokratie und auf dem Föderalismus beruht. Dies hinderte die Organisation aber nicht daran, uns eine vermehrte «Öffnung in Richtung Europa» und mehr «Veränderungsbereitschaft» zu empfehlen.[229] Beinahe zynisch fügte sie an:

«Man kann [der Schweiz] nur wünschen, dass diese gemeinsame Werthaltung auch die wichtigen Entscheide begleitet, die im Hinblick auf die Zukunft getroffen und realisiert werden müssen.»[230]

Eine Begründung für die angeblich notwendigen Veränderungen wurde nicht gegeben. Doch die Erziehungsdirektorenkonferenz folgte der Empfehlung.

Kongress in Locarno

Kurz darauf veranstaltete die Erziehungsdirektorenkonferenz einen Kongress in Locarno, zu dem rund 300 hochrangige Vertreter des Bildungswesens aus der ganzen Schweiz eingela-

---

[228] OECD-Bericht. Bildungspolitik in der Schweiz. EDK Bern 1990, S. 183 (Originalausgabe französisch: OCDE. Examen des politiques nationales d'éducation suisse. Paris 1990)

[229] A.a.O. S. 138ff., 173, 183, 195f.

[230] A.a.O. S. 183

den waren.[231] Der Titel des Kongresses lautete: «Wandel in der Erziehung – Erziehung zum Wandel». Dieser Titel ist manipulativ, denn er propagiert einen «Wandel», ohne zu verraten, warum dieser nötig sei und wohin er führen solle.

Ähnlich manipulativ waren die Einführungsworte des Tessiner Erziehungsdirektors Edo Poglia:

> *«Der Wandel steht im Mittelpunkt dieses Kongresses. Darüber wagen wir zu sprechen, obwohl die Schweiz zur Salzsäule erstarrt ist.»*[232]

Damit unterstellte Poglia den Schweizern pauschal Angst vor Neuem und verspottete das Land als unflexibles Gebilde. Diese manipulative Unterstellung zielte nicht auf die Verstandesebene, sondern direkt auf die unbewusste Gefühlsebene, was die Aussage einer Überprüfung durch das kritische Denken entzog. Tatsächlich getraute sich nachher niemand mehr, Kritik an den vorgeschlagenen «Reformen» zu äussern. Keiner wollte als rückwärtsgewandter Veränderungsgegner dastehen.

Mit Leidensdruck zum Wandel

Auf Poglias Einführungsworte folgte das Referat des deutschen «Schulreformers» Hans-Günther Rolff. Einleitend hielt dieser fest, dass «Schulreformen» ohne Druck nicht umsetzbar seien. Und zwar brauche es Druck von aussen und Druck von innen: Leidensdruck. «Ohne Schmerz keine Veränderung!» («no pain, no change!»), betonte Rolff. Wenn man die Lehrer nicht durch Leidensdruck zur Veränderung zwinge, kehrten sie trotz Weiterbildungskursen und entsprechenden Weisungen immer wieder zu ihren alten Unterrichtsmethoden zurück, was zu verhindern sei:

---

[231] Wandel in der Erziehung – Erziehung zum Wandel. Kongress in Locarno, 30.09.1993 bis 02.10.1993. Scuola media, Locarno-Minusio. Sekretariat: Schweizerische Gesellschaft für Bildungsforschung SGBF (eine Abteilung der EDK)

[232] Edo Poglia (Tessiner Erziehungsdirektor): Einführungsreferat. Kongress «Wandel in der Erziehung – Erziehung zum Wandel». Locarno, 30.09.1993

«Der Aussendruck allein genügt nicht, um Schulentwicklung in
Gang zu setzen. Zusätzlich braucht es auch noch den ‹Innenzug›,
der aus überlasteten Lehrkräften und Schülern und aus Burnouts
besteht. No pain, no change!»[233]

Um den geforderten Leidensdruck aufzubauen, seien permanente Evaluationen und Qualitätskontrollen nötig, so Rolff. Dafür wiederum brauche es Schulleiter und externe Berater, die es damals in der Volksschule noch nicht gab. Anschliessend erklärte der Referent, welche Schritte bei der Umsetzung des Veränderungsprozesses zu beachten seien:

«Zuerst braucht es drei bis vier Personen im Kollegium, die etwas initiieren. Die Schulleitung muss diese unterstützen. Dann müssen alle Lehrer Fragebögen oder Kärtchen mit Bedürfnissen ausfüllen. Anschliessend wird ein circa einjähriger Kontrakt aufgesetzt [...] und eine Steuergruppe aus circa sieben Kollegen gebildet. In dieser Steuergruppe sollten alle – gerade auch konkurrierende oder sich bekämpfende – Gruppen der Lehrerschaft vertreten sein. Die Steuergruppe beschäftigt sich als erstes mit der Frage: Brauchen wir externe Berater? [...] Danach setzt das Management der Veränderung ein [...]. Eine zentrale Steuerung durch externe Unterstützung und Qualitätssicherung ist dabei unerlässlich.»[234]

Schulleiter als Agenten des Wandels

Gegen dieses erschreckend totalitäre Vorgehen, das in Locarno propagiert wurde, erhob niemand Einspruch. Eine in der Lehrerweiterbildung tätige Frau aus Zürich doppelte sogar nach:

«Unser grosses Problem ist, dass wir im Kanton keine Schulleiter
haben. Mit Leitungsstrukturen hätten wir viel mehr Möglichkeiten

---

[233] Hans-Günther Rolff: Schulentwicklung zwischen Aussendruck und Innenzug. Referat in Locarno, 30.09.1993

[234] A.a.O.

[…]. Man müsste die Lehrer zur Weiterbildung zwingen können, so dass ein flächendeckendes Vorgehen möglich wäre. Die Lehrer unterlaufen sonst die neuen Regelungen, indem sie zum Beispiel weiterhin Hausaufgaben geben.»[235]

Diese Anweisungen aus Locarno – verordnet von der Erziehungsdirektorenkonferenz – wurden in den Folgejahren buchstabengetreu umgesetzt.

---

[235] Johanna Tremp, Mitarbeiterin der Zürcher Lehrerbildungsstätte «Pestalozzianum», in Locarno, 30.09.1993

4. Pisa – ein Steuerungsinstrument der OECD

Nach dem Kongress in Locarno brach eine wahre «Reformflut» über die Schweizer Volksschule herein (siehe Teil II). Doch der OECD war das «Reformtempo» immer noch nicht schnell genug. Sie dichtete der Schweiz einen «Reformstau» an[236] – und erfand ein neues Steuerungsinstrument: Pisa.

Ein umstrittenes Programm

Das OECD-Programm Pisa soll laut eigener Definition die Schulleistungen in verschiedenen Ländern messen und vergleichen. Die Pisa-Tests werden seit 2000 alle drei Jahre durchgeführt.[237] Unter Fachleuten sind sie umstritten. Einige Wissenschaftler glauben, dass Pisa gar nicht die Schulleistungen misst, sondern lediglich Schüler belohnt, die gut raten können. Schüler hingegen, die einen Sachverhalt genau durchdringen wollen, erhalten bei Pisa schlechte Noten. Denn wissbegierige Schüler suchen bei den meist banalen Pisa-Fragen vergeblich nach einem tieferen Sinn und verlieren dabei Zeit. Wolfram Meyerhöfer, Professor für Mathematikdidaktik an der Universität Paderborn, erklärt den Sachverhalt so:

«Schüler, die etwas nicht können, können bei bestimmten Aufgaben [von Pisa] erfolgreich sein, wenn sie ordentliche Ratestrategien haben. Und andersherum: Schülern, die ein Problem wirklich durchdringen, wird beigebracht, dass es darum nicht geht. Wenn sie anfangen, tiefergehend nachzudenken, läuft ihnen die Zeit davon, oder sie kommen gar zu einem als falsch gewerteten Ergebnis.»[238]

---

[236] Auf Englisch: «Reform backlog». Vgl. Bieber Tonia. Soft Governance in Education. The Pisa Study and the Bologna Process in Switzer-land. Bremen 2013, p. 5

[237] Pisa = Programme for International Student Assessment

[238] Der Pisa-Test gehört abgeschafft. Neue Zürcher Zeitung, 22.06.2015

Pisa verhindert echte Bildung

Tatsächlich sind die meisten Pisa-Fragen erstaunlich öde. Deshalb bezeichnen Kritiker das Programm als bildungsfern. Sie bemängeln, dass Pisa die Lehrer daran hindere, den Schülern echte Bildung zu vermitteln. Um bei den Tests gut abzuschneiden, müssen die Schüler mit grossem Zeitaufwand auf die Pisa-Fragen getrimmt werden. Für echte Bildung bleibt keine Zeit:

> *«Bis Pisa war der Deutschunterricht [...] literarisch orientiert. Aber bei Pisa geht es etwa darum, sehr schnell Fragen zur Preisgestaltung auf einem Schild an einer Dampferausflugsstelle zu beantworten.»[239]*

Der Widerstand gegen das «Pisa-Imperium» wächst.[240] Weit über 500 Wissenschaftler und Pädagogen aus zwölf Ländern warnen, Pisa töte die Lernfreude und schade damit den Schülern:

> *«Das neue Pisa-Regime [...] schadet unseren Kindern und macht unsere Klassenzimmer bildungsärmer.»[241]*

Das Image von Pisa ist mittlerweile so schlecht, dass das Programm wohl bald zurückgezogen wird.[242] Vermutlich hat es seine Aufgabe auch schon erfüllt: Die angesteuerten «Reformen» wurden in Gang gesetzt und multinationale Konzerne haben Milliarden verdient.

Milliardengeschäft und fragwürdige Allianzen

Wenige wissen, dass Pisa ein gigantisches Geschäft ist. Zum Pisa-Leitungsgremium gehören Vertreter der weltgrössten Bildungs- und Testkonzerne wie der amerikanischen Fir-

---

[239] A.a.O.

[240] Global school tests under attack and OECD accused of killing joy of learning. The Guardian, 06.05.2014

[241] Bildungswissenschaftler attackieren Pisa-Macher. Die Wirtschaftswoche, 09.05.2014

[242] Pisa-Ergebnisse mit Fragezeichen. Neue Zürcher Zeitung, 07.12.2016

men «Educational Testing Service» und «Westat Inc.», des australischen Konzerns «Australian Council for Educational Research» (Acer) und der niederländischen «Cito Group».

Die genannten Firmen sind nicht nur die Eigentümer der Tests, sondern auch der Auswertungsverfahren, der Rankings, ja sogar der Rohdaten der Länder. Besonders clever war ihre Geschäftsidee, das Testprogramm von Anfang an als Wiederholungsstudie zu etablieren. So kann Pisa gleich im Abonnement verkauft werden. Vorteilhaft für die Firmen ist auch, dass die OECD ihnen die reichsten Länder der Welt als Kunden vermittelt.[243] Wissenschaftler werfen der OECD deshalb vor, sie sei mit Pisa fragwürdige «Allianzen mit multinationalen profitorientierten Unternehmen» eingegangen.[244]

Steuerung der Schweiz mit Pisa

Der Einfluss von Pisa auf die Schweiz war enorm, wie die Politikwissenschaftlerin Tonia Bieber in einer Studie an der Universität Bremen nachweist.[245] Mit Erstaunen stellt Bieber fest, dass das Tempo der «Schulreformen» in der Schweiz mit Pisa sprunghaft zugenommen hat. Bei vielen «Reformen» habe erst der «Pisa-Schub» den Durchbruch gebracht. Das «Herzstück» der Pisa-«Reform» in der Schweiz sei «Harmos»[246], so Bieber:

«Obwohl einige der von Pisa angestossenen Reformen über längere Zeit diskutiert worden waren, brachte der Pisa-Schub den Durch-

---

[243] Flitner Elisabeth: Pädagogische Wertschöpfung. Zur Rationalisierung von Schulsystemen durch public-private partnerships am Beispiel von Pisa. In: Oelkers Jürgen, Horlacher Rebekka und Casale Rita (Hrsg.). Rationalität und Bildung. Zürich 2006

[244] Der Pisa-Test gehört abgeschafft. Neue Zürcher Zeitung, 22.06.2015

[245] Bieber Tonia: Soft Governance in Education. Sanfte Steuerungsmechanismen in der Bildungspolitik. Die Pisa-Studie und der Bologna-Prozess in der Schweiz. Universität Bremen und Jacobs University Bremen, 2010

[246] Das «Harmos-Konkordat», kurz «Harmos», ist ein Vertragstext, der 2007 von der Erziehungsdirektorenkonferenz aufgesetzt wurde. Die Kantone können sich freiwillig dazu verpflichten, ihn zu übernehmen. Als Ziel wird eine Vereinheitlichung («Harmonisierung») der Volksschule in den verschiedenen Kantonen angestrebt. Kritiker sehen in «Harmos» eine schleichende Zentralisierung und Bürokratisierung der Schule.

bruch […]. Harmos […] [ist das] Herzstück der von Pisa inspirier-
ten Reform.»²⁴⁷

Tatsächlich brachte die Erziehungsdirektorenkonferenz mit
«Harmos» «Schulreformen» auf den Weg, die vorher jahrelang
am Widerstand der Bürger und Kantone gescheitert waren:
die Abschaffung des Kindergartens, die Einschulung mit vier
Jahren und die Festschreibung ständiger Evaluationen und
Qualitätskontrollen für Lehrer.²⁴⁸

Künstlich erzeugter Gruppendruck

Das Steuerungsprinzip von Pisa ist einfach. Er entspricht
dem beschriebenen Standardverfahren der OECD, den «Peer
reviews» (S. 82). Das wichtigste Wirkprinzip von Pisa ist somit der künstlich erzeugte Gruppendruck. Durch willkürlich
definierte Standards werden die Länder künstlich zu Riva-
len gemacht. Denn alle richten sich nach den vorgegebenen
Standards aus und versuchen, bei den «Rankings» möglichst
gut abzuschneiden. Damit unterziehen sie sich ungeprüft den
Vorgaben der OECD und übernehmen mit den angeblichen
«Verbesserungsvorschlägen» auch deren «Schulreformen».
Tonia Bieber, die Autorin der genannten Studie, war erstaunt,
wie leicht sich die Schweiz trotz direkter Demokratie und Föderalismus mit Pisa auf «Reformkurs» steuern liess:

> *«Trotz ihres reformhemmenden institutionellen Umfeldes […] [di-*
> *rekte Demokratie und Föderalismus] vollzog die Schweiz im letzten*
> *Jahrzehnt einen extremen Kurswechsel.»²⁴⁹*

---

²⁴⁷ Bieber Tonia: a.a.O., S. 18/20
²⁴⁸ Art. 5, 7, 8, 10 Harmos-Konkordat. Erziehungsdirektorenkonferenz Bern 2007
²⁴⁹ Bieber Tonia: a.a.O., S. 25

Gängelung mit Pisa

Wissenschaftler werfen der OECD genau dieses Vorgehen vor. Mittels Gruppendruck gängle sie ganze Länder. Ferdinand Knauss, Historiker und ehemaliger Pressesprecher im deutschen Bundesministerium für Bildung und Forschung, schildert die Stimmung in den Ländern vor der Bekanntgabe der Pisa-Ergebnisse wie folgt:

> *«Alle drei Jahre [herrscht] höchste Aufregung, wenn [Pisa-Chef Andreas] Schleicher seine Testergebnisse präsentiert. Meist nimmt man [...] brav die Watschen an, die Schleicher verteilt, und tut alles, um beim nächsten Mal ein bisschen weiter oben in den Ranglisten zu stehen.»[250]*

Es widerspricht dem Prinzip von Treu und Glauben, wenn vom Volk gewählte Vertreter die Schweiz solch inszenierten Wettbewerben aussetzen. Damit tragen sie aktiv dazu bei, unser hervorragendes Schulsystem an fragwürdige Organisationen und multinationale Konzerne zu verschachern, statt es zu verteidigen.

---

[250] Wissenschaftler und Pädagogen machen Pisa-Chef Andreas Schleicher in einem Offenen Brief schwere Vorwürfe. Die Wirtschaftswoche, 09.05.2014

5. Die Rolle des Lehrerdachverbandes LCH

Der Schweizerische Lehrerdachverband (LCH) gilt als Interessenvertreter der Lehrer. Ist er das wirklich? Ursprünglich gab es in der Schweiz viele eigenständige kantonale, regionale, stufen- und fachbezogene Lehrerverbände, so etwa Vereine für Handarbeits- und Hauswirtschaftslehrerinnen, für Mittel- und Unterstufenlehrer, für Sekundar-, Real- und Oberschullehrer, für Sportlehrer, Heilpädagogen, Sonderklassenlehrer und andere. Daneben gab es den traditionsreichen «Schweizer Lehrerverein», der allen Lehrpersonen offenstand. Sowohl der «Schweizer Lehrerverein» als auch die anderen Lehrervereine waren unabhängige Körperschaften. Ihre Mitglieder waren aktive Lehrer, versammelten sich regelmässig, fassten Beschlüsse und tauschten sich aus. Jeder Verein hatte seine eigenen Statuten, sein eigenes Budget und konnte sich frei zu Fragen des eigenen Berufsfeldes äussern.

Zentralisierung statt Vielfalt

Das änderte sich mit der Gründung des Lehrerdachverbandes (LCH) 1989. Der traditionsreiche «Schweizer Lehrerverein» wurde in mehreren Zwischenschritten aufgelöst und die bisher unabhängigen regionalen und fachbezogenen Lehrerverbände wurden unter dem Dach des LCH zentralisiert. 2007 wurden sie als eigenständige Organe aufgehoben und in Sektionen des LCH umgewandelt. Der LCH wurde straff hierarchisiert:

> *«2007 […]: Die Präsidentenkonferenz wird […] zum strategischen Führungsorgan des LCH. Die einzelnen Regionalverbände verlieren ihre Funktion als eigenständige Organe.»[251]*

Bei diesem Umwandlungsprozess war Beat Zemp federführend. Seit 1990 ist er Präsident des LCH, seit 1998 hauptamtlich.

---

[251] Geschichte des LCH. www.LCH.ch/der-LCH/der-LCH-stellt-sich-vor/geschichte, 02.01.2018

Lehrer fühlen sich nicht mehr vertreten

Seit der Zentralisierung der Lehrervereine unter dem Dach des LCH fehlt den Lehrern ein Forum, wo sie sich frei äussern und austauschen könnten. Führende Vertreter des LCH verteidigen die «Schulreformen» statt die Lehrer. Dazu die «SonntagsZeitung»:

> *«In mehreren Kantonen kocht der Ärger hoch über ständige Reformen, die an den Schreibtischen von praxisfernen Theoretikern entworfen wurden. Ein Teil des Unmuts richtet sich gegen die Verbände, von denen sich die Praktiker kaum noch vertreten fühlen.»*[252]

Aus diesem Grund kehren viele Lehrer dem LCH den Rücken:

> *«Der Verband kämpft, von der Öffentlichkeit unbemerkt, mit sinkenden Mitgliederzahlen. Vor allem aktive Vollzeitlehrer und Pädagogen, die ein grosses Pensum unterrichten, kehren dem Verband den Rücken.»*[253]

Erfahrene Lehrer werfen dem Dachverband vor:

> *«Der LCH [tritt] zunehmend als Wasserträger der Bildungsverwaltungen und der Eidgenössischen Erziehungsdirektorenkonferenz (EDK) auf. Statt die Anliegen der Basis zu vertreten, [betreibt er] [...] Behördenpolitik und [ist] zum ‹verlängerten Arm der EDK› mutiert. Mitgliederbefragungen [...] [gibt] es kaum noch. Vernehmlassungsantworten [werden] hinter verschlossenen Türen in einer kleinen Expertengruppe erarbeitet [...]. Mit den Folgen [...] [müssen] sich dann die Praktiker in den Schulzimmern herumschlagen.»*[254]

Neues Label statt ehrliche Diskussion

Um den schrumpfenden Mitgliederbestand zu vertuschen, will der LCH künftig auch Vertreter anderer Berufsgruppen aufnehmen:

---

[252] Das Leiden der Lehrer. SonntagsZeitung, 25.03.2017

[253] A.a.O.

[254] A.a.O.

«Neu sollen auch Schulsozialarbeiter, Sozialpädagogen oder Schulpsychologen Mitglied werden können. Der Lehrerverband im Kanton Bern hat [...] das Wort ‹Lehrer› [bereits] aus dem Namen gestrichen – der Verband heisst neu ‹Bildung Bern›.»[255]

Wird der LCH ebenfalls bald «Bildung Schweiz» heissen? Seine Zeitschrift heisst bereits so. Darin propagierte der LCH schon früh die OECD-gesteuerten «Schulreformen», inklusive Pisa. Das OECD-Programm Pisa enthalte, so «Bildung Schweiz», wichtige Anregungen für Lehrplankorrekturen:

«Wir sollen uns [...] [von Pisa] zu Lehrplankorrekturen anregen lassen [...]. Bei Pisa darf man nicht sparen.»[256]

Damit macht der LCH klar, dass er nicht nur der verlängerte Arm der Erziehungsdirektorenkonferenz, sondern auch der verlängerte Arm der OECD ist.

---

[255] A.a.O.
[256] Bei Pisa darf man nicht sparen. Bildung Schweiz 11/2000, S. 19

6. Der Einfluss privater Stiftungen und Firmen

Der Ökonom Ernst Buschor war, wie erwähnt, als Zürcher Erziehungsdirektor (1995–2003) ein besonders aktiver «Schulreformer» (S. 37). Er propagierte «Innovationen» wie die Abschaffung des Kindergartens, den Einsatz des Computers schon bei den Jüngsten, die Einführung des Frühenglisch ab der ersten Primarklasse,[257] die Einführung einer gesamtschulähnlichen «Oberstufe» und die Einführung von Management-Prinzipien, Schulleitern, externen Beratern und lohnwirksamen Qualifikationssystemen in der Volksschule.[258] Buschors gesamtes «Reformpaket» scheiterte 2002 an der Urne (S. 37). Trotzdem verfolgte er seine «Reformpläne» unbeirrt weiter – bis heute. Deshalb wird seine Rolle damals und heute etwas genauer beleuchtet.

Die Schule als Unternehmen

Zu Buschors «Reformagenda» gehörte damals auch das New Public Management (NPM). Laut dieser Führungsmethode sollen Schulen wie profitorientierte Unternehmen geführt werden. Die Schulleiter sollten Leistungsvereinbarungen mit den Lehrern abschliessen und diese durch ständige (lohnwirksame) Evaluationen und Qualitätskontrollen überprüfen.[259] Dieses Vorgehen wurde mit einer angeblichen Effizienzsteigerung begründet. In Wirklichkeit unterrichteten die Lehrer unter Buschor schlechter, weil sich ihre Arbeitsbedingungen verschlechterten. Mit dem New Public Management wurde erstmals eine tiefgreifende Entdemokratisierung und Bürokratisierung der Volksschule eingeleitet. Die pädagogische Freiheit der Lehrer wurde eingeschränkt

---

[257] Aeberli Christian: Englisch ab der ersten Klasse: Das Zürcher Experiment. In: Die fünfte Landessprache? Englisch in der Schweiz. Watts Richard J. & Murray Heather (Hrsg.). Hochschulverlag der ETH Zürich. 2001

[258] Ernst Buschor – Ein Mann macht Schule. Bilanz – Das Schweizer Wirtschaftsmagazin, 31.09.1999

[259] Haushaltführung mit Globalbudget. Volksschulamt Zürich 2003

Reformen aus den USA

Seine «Reformen» hatte Buschor nicht selbst erfunden. Die Ideen dazu hatte er meist aus Amerika mitgebracht, teilweise auch aus Holland oder Neuseeland:

> *«Die Ideen für seine Reformen holte sich der Bildungsdirektor in vielen Fällen im Ausland.»[260]*

So beruhte etwa die Einführung des Computers im Unterricht auf einem kalifornischen Vorbild. Der US-Beratungskonzern Arthur Andersen hatte das Modell am «World Economic Forum» 1997 in Davos vorgestellt. Der Wirtschaftsvertreter Anton E. Schrafl (Holcim) war begeistert und schlug Buschor vor, diese Schule zu besichtigen.[261] Dieser flog umgehend in die USA und besichtigte die Arthur-Andersen-«Schule der Zukunft» in Alameda (Kalifornien): Alle Schüler lernten in einem Grossraum an Computern, die Lehrer waren nurmehr «Lernbegleiter».[262] Zurück in der Schweiz, setzte Buschor das Modell sogleich im Kanton Zürich um. Mit seinen despotischen Methoden machte er sich bei Lehrern und Schulpflegern äusserst unbeliebt:

> *«Dass die Reformen von oben kommen […] und nicht immer den dringendsten Anliegen von Schülern, Lehrern und Schulbehörden der Gemeinden entsprechen, schafft in vielen Kreisen geradezu einen Widerwillen gegen den Bildungsdirektor.»[263]*

Doch das kümmerte Buschor wenig. Seine Aufträge bezog er offenbar von anderswo.

---

[260] Ganz zum Schluss ein «Ungenügend». Neue Zürcher Zeitung, 09.03.2003

[261] Ernst Buschor – Ein Mann macht Schule. Bilanz – Das Schweizer Wirtschaftsmagazin, 31.09.1999

[262] Auf Englisch: «Facilitators». Vgl. Arthur Andersen School of the Future. https://www.youtube.com/watch?v=VzUi9NV7OWQ, 02.05.2016

[263] Ernst Buschor – Ein Mann macht Schule. A.a.O.

Mit privaten Sponsoren am Volk vorbei

Um seine «Innovationen» trotz Widerstand durchzusetzen, liess Buschor sie – vorbei an den demokratischen Instanzen – von privaten Sponsoren finanzieren, wie das Wirtschaftsmagazin «Bilanz» berichtet:

> *«Untypisch für einen Politiker hatte [Buschor] nicht die geringste Lust zu warten, bis die für die Reform erforderlichen Geldmittel von den politischen Instanzen zur Verfügung gestellt waren. Statt dessen wandte er sich an zwei Männer, von denen er wusste, dass sie erhebliche finanzielle Ressourcen erschliessen konnten.»[264]*

Diese beiden Männer waren der erwähnte Anton E. Schrafl und Klaus Jacobs von der Jacobs-Stiftung. Sie stellten Buschor glatte dreieinhalb Millionen Franken für seine «Schulreformen» zur Verfügung. Computerfirmen steuerten Computer zu Sonderkonditionen bei und sicherten sich damit – nebenbei – Kunden für die Zukunft. Schrafl sponserte zusätzlich jährliche Weiterbildungskurse für Zürcher Primarlehrer in Florida, wo sie in amerikanische Unterrichtsmethoden eingeführt wurden.[265]

Ausverkauf der Volksschule an die Wirtschaft

Die Lehrer erlebten Buschors «Reformwut» als unablässige Folge «von oben erlassener Befehle».[266] Ein «Anti-Buschor-Komitee» wurde gegründet. Es warf dem Erziehungsdirektor einen «Abbau der Demokratie», einen «Ausverkauf der Volksschule» und einen «respektlosen Umgang mit den Lehrkräften» vor. Ausserdem setze er …

> *«… zum Frontalangriff mittels Computer und Englisch auf die Kinderseele an – und das erst noch mit Hilfe der Wirtschaft.»[267]*

---

[264] A.a.O.

[265] A.a.O.

[266] A.a.O.

[267] A.a.O.

Als Buschors «Reformpaket» 2002 an der Urne scheiterte, verliess er den Regierungsrat und wechselte in die private Jacobs-Stiftung mit Sitz in Zürich.[268]

Stiftungs-Behörden-Filz

Grundsätzlich ist es kein Problem, wenn ein Ex-Regierungsrat in eine private Stiftung wechselt. Doch in Buschors Fall war die Konstellation heikel. Die Jacobs-Stiftung, gegründet von Buschors früherem Sponsor, Klaus J. Jacobs, verfügt über ein mehrfaches Milliardenvermögen und gibt als Stiftungszweck an, die «Kinder- und Jugendentwicklung» zu fördern.[269] Dieser Stiftungszweck ist angesichts der geschilderten Abläufe zu hinterfragen. Doch er lässt erahnen, dass die Jacobs-Stiftung aktiv Einfluss auf die Schule und die Jugend nimmt.

Buschor brachte als Ex-Bildungsdirektor umfangreiche Insiderkenntnisse und ein weitgespanntes Kontaktnetz im Bildungswesen in seine neue Stellung mit, das ihm viele Türen öffnete und seinen Einfluss als Jacobs-Stiftungsrat vergrösserte. Ein solcher Stiftungs-Behördenfilz ist alles andere als harmlos. Denn die Jacobs-Stiftung ist so vermögend, dass sie ganze Universitäten und Universitätsinstitute mitfinanzieren und mitbetreiben kann. Ohne Transparenz und ohne demokratische Kontrolle nimmt sie damit Einfluss auf die Bildung.[270] Dies beinhaltet die Gefahr, dass die Politik Entscheidungen trifft, die mehr dem Interesse der Stiftung als dem Gemeinwohl entsprechen.[271]

Beispielsweise eröffnete die Jacobs-Stiftung an der Universität Zürich ein «Jacobs Center für produktive Jugendentwicklung», das sie gemeinsam mit der Universität finanziert und

---

[268] Ernst Buschor. Wikipedia, 28.07.2017

[269] Klaus J. Jacobs (1936–2008) verlegte die familieneigene Kaffeehandelsfirma 1973 nach einem längeren US-Aufenthalt in die Schweiz und gründete dort die Jacobs-Stiftung. Wikipedia, 28.07.2017

[270] Die Macht der Stiftungen. Neue Zürcher Zeitung, 11.09.2017

[271] Stiftungen machen Politik – mit Folgen. Neue Zürcher Zeitung, 24.08.2017

betreibt.[272] Über dieses Institut fördert sie ein amerikanisches Programm namens «Pfade», welches Kinder in öffentlichen Schulen und Kindergärten manipulativen Psychotechniken im Sinne der beschriebenen «Gestaltpädagogik» (S. 34/35) aussetzt.[273]

Bildungslandschaften – ein Grossprojekt der Jacobs-Stiftung

Ein weiteres Projekt der Jacobs-Stiftung sind die «Bildungslandschaften Schweiz». Dieses Projekt wurde 2011 von der Jacobs-Stiftung gemeinsam mit offiziellen Stellen in mehreren Kantonen lanciert. Das Ziel beschreibt die Stiftung wie folgt:

«Bildungslandschaften sind Netzwerke, in denen sich alle Personen und Institutionen, die ein Kind erziehen, betreuen oder unterrichten [wie Schulen, Lehrer, Eltern, Sozialarbeiter, Bildungsbehörden, Sportvereine und weitere], zusammenschliessen [...], immer mit dem Ziel, jedes einzelne Kind zu fördern.»[274] Zudem geht es «um die Erhöhung der Bildungschancen von Kindern und Jugendlichen aus sozio-ökonomisch benachteiligten Familien.»[275]

Warum es dazu die milliardenschwere private Jacobs-Stiftung braucht, ist ein Rätsel. Sogar die OECD hatte ja 1990 festgestellt, dass die unkomplizierte und pragmatische Zusammenarbeit aller Beteiligten vor Ort eine besondere Stärke der Schweiz ist (S. 95/96). Somit brauchen wir keine Jacobs-Nachhilfestunden in Zusammenarbeit. Auch die Verbesserung von Bildungschancen für Benachteiligte wäre in anderen Ländern

---

[272] University of Zurich. Jacobs Center for Productive Youth Development. http://www. jacobscenter.uzh.ch/en/about us.html, 11.08.2017

[273] Zürcher Präventions- und Interventionsprojekt an Schulen. Universität Zürich und University of Cambridge. Zürich 2007

[274] Bildungslandschaften Schweiz. Netzwerke für gerechte Chancen. http://bildungslandschaften.ch/, 22.04.2017

[275] Bildungslandschaften Schweiz. Umfassende Bildungsqualität gemeinsam entwickeln. Ein Programm der Jacobs Foundation in Zusammenarbeit mit interessierten Kantonen. Programmkonzept, Stand August 2011, S. 4 (im folgenden: Jacobs Foundation: Umfassende Bildungsqualität)

dringender nötig als in der direktdemokratischen Schweiz, beispielsweise in den USA. In der Schweiz hingegen gehört es seit je zum Ethos der Volksschule, allen Kindern gleiche Bildungschancen zu ermöglichen.

Steuerung durch die Jacobs-Stiftung

Bisher wurden in sechs Kantonen insgesamt 22 «Bildungslandschaften» etabliert.[276] Geleitet werden sie von einer elfköpfigen «nationalen Steuergruppe». Dieser stehen der Jacobs-Stiftungsrat Ernst Buschor und der Jacobs-Geschäftsführer vor. Weiter gehören zur Steuergruppe der LCH-Präsident Beat Zemp, eine Kadervertreterin der Erziehungsdirektorenkonferenz EDK und der Präsident des schweizerischen Schulleiterverbandes, Bernard Gertsch.[277]

Beratungshonorare zulasten der Steuerzahler

Die Kosten der «Bildungslandschaften» sind enorm. Sie setzen sich zusammen aus Beratungshonoraren für Projektmanagement, für Prozessbegleitung, Prozessevaluation, Weiterbildung und Dokumentation. Ausserdem müssen Sitzungsgelder bezahlt, Vernetzungstreffen organisiert, freiwillige Helfer geschult und Zwischenevaluationen durchgeführt werden.[278] Alle diese Dienstleistungen werden von der Jacobs-Stiftung oder von ihr nahestehenden Firmen angeboten. Die bisherigen «Bildungslandschaften» kosten die öffentliche Hand bei einer vorgesehenen Projektdauer von je sechs Jahren insgesamt über elf Millionen Franken.[279] Dabei nehmen die Beiträge der Jacobs-Stiftung von Jahr zu Jahr ab, die Kosten der öffentlichen

---

[276] 22 Netzwerke für mehr Bildungsgerechtigkeit. Jacobs Foundation. https://jacobsfoundation.org/app/uploads/2017/07/2015_22-Netzwerke_Bildungslandschaften.pdf, 12.12.2017

[277] Bildungslandschaften.ch © 2011–2018 Jacobs Foundation. Wer steht hinter dem Programm? http://bildungslandschaften.ch/traegerschaft-und-steuergruppe/, 02.01.2018

[278] Jacobs Foundation: Umfassende Bildungsqualität, S. 12, 16, 25

[279] Jacobs Foundation: Umfassende Bildungsqualität, S. 17f.

Hand dagegen steigen. Gleichwohl bleibt die Leitung der «Bildungslandschaften» stets in der Hand der Jacobs-Stiftung.[280] Der Grundsatz «Wer zahlt, befiehlt» gilt bei den «Bildungslandschaften» offensichtlich nicht.

Ein Nutzen der Jacobs-«Bildungslandschaften» wurde nie nachgewiesen. Sie werden ohne Mitsprache der Bürger auf Behördenebene installiert. Das Vorgehen gleicht somit jenem, das Buschor schon als Erziehungsdirektor wählte – vorbei an den demokratischen Instanzen. Setzt Buschor mit den «Bildungslandschaften» Ziele um, mit denen er als Erziehungsdirektor scheiterte? Ein Blick in die Thurgauer Gemeinde Amriswil gibt Aufschluss.

Bildungslandschaft Amriswil

In Amriswil wurde 2013 auf Betreiben des Ex-Zürchers Markus Mendelin eine Jacobs-«Bildungslandschaft» eingerichtet. Mendelin war zuvor unter Ernst Buschor Schulpräsident im Kanton Zürich gewesen. Als neu Zugezogener wurde er in Amriswil gleich Schulpräsident und setzte viele Neuerungen um. Mit diesen stiess er zwar nicht überall auf Gegenliebe, doch im Rückblick stellt Mendelin zufrieden fest:

> *«Vieles, was anfänglich undenkbar schien, konnte erfolgreich umgesetzt werden.» – «Wir haben in einigen Bereichen Pionierarbeit geleistet [...]. [Unter] anderem sind auch Projekte wie [...] die ‹Bildungslandschaft› auf Kurs.»[281]*

Den Namen Jacobs-Stiftung findet man allerdings auf dem Amriswiler Prospekt nur ganz diskret auf der hintersten Seite.[282] Soll Buschors Hintergrundberatung nicht allzu publik werden?

---

[280] Leitung Programm. http://bildungslandschaften.ch/node/37, 11.10.2015

[281] Markus Mendelin tritt zurück. www.schulenamriswil.ch/unsere-schule/news/single/, 15.10.2016

[282] Prospekt der Jacobs-Bildungslandschaft Amriswil: Wer ist verantwortlich für die Bildung unserer Kinder? Von der Kooperation zur Bildungslandschaft. Amriswil 2015 (im folgenden: Prospekt Amriswil)

Digitalisierte Versuchsklasse

Eine erste Massnahme in der Amriswiler «Bildungslandschaft» war die Einrichtung eines «Kompetenzzentrum für Informatik» an der Primarschule. In einer «Laborklasse» lernen dort die Schüler während eines grossen Teils ihrer Schulzeit am Computer. Auch externe «Kunden» werden bedient und können die «Laborklasse» beim digitalisierten Lernen besichtigen:

> «Im ICT-Kompetenzzentrum lernen Lehrpersonen und Schülerinnen und Schüler den Umgang mit elektronischen Medien (Handling, E-Learning, Grundlagen der Informatik). Es öffnet sich auch für externe ‹Kunden›».[283]

«Internetcafés» mit freiem Zugang zum Internet zählen ebenfalls zu den Errungenschaften der Jacobs-«Bildungslandschaften».[284] Diese «Innovationen» erinnern stark an Buschors gescheitertes «Reformpaket» als Bildungsdirektor, das als wichtigen Programmpunkt das Lernen mit dem Computer enthielt.

Inszenierte Wettbewerbe

Ein weiteres Instrument Buschors, um auf die Schule Einfluss zu nehmen, sind inszenierte Wettbewerbe nach dem Vorbild von Pisa. Um solche Wettbewerbe in Gang zu setzen, gründete Buschor das private «Forum Bildung», das von ihm präsidiert wird. Dieses verleiht jährlich einen sogenannten «Schweizer Schulpreis» von 120 000 Franken an sechs willkürlich ausgewählte Schulen – mit grosszügiger Unterstützung von Computerunternehmen und anderen Firmen.[285] Mit dem Schulpreis will Buschor «Impulse» setzen und das Schulwesen in eine ganz bestimmte Richtung steuern:

---

[283] Prospekt Amriswil, S. 32f.
[284] Jacobs Foundation: Umfassende Bildungsqualität, S. 24f.
[285] Beste Schulen der Schweiz – gibt es die wirklich? Treffpunkt. SRF 1, 12.12.2017

«Der Schweizer Schulpreis [...] [gibt] wichtige Impulse für die Ent-wicklung von Schule und Unterricht [und macht] [...] anhand von Beispielen diese als ‹good practice› in der Schweiz sichtbar.»[286]

Den ersten «Schweizer Schulpreis» erhielt die Oberstufen-schule Wädenswil (ZH). Dort lernen mehrere iPad-Klassen «individualisiert» am Computer. Ihre Arbeitsaufträge erhalten die Schüler über eine Schulsoftware, mit der sie auch «verwal-tet» werden.[287]

Neben Ernst Buschor sind am «Schweizer Schulpreis» wie bei den «Bildungslandschaften» wiederum LCH-Präsident Beat Zemp und Schulleiterpräsident Bernhard Gertsch be-teiligt.[288] Auch bei diesem Projekt kam Buschor sein früheres Kontaktnetz als Bildungsdirektor zugute. So konnte er auch die Pädagogische Hochschule Zürich mit ins Boot holen, die ihren Namen für den privaten «Schweizer Schulpreis» zur Ver-fügung stellt – ein Vorgang ohne jede demokratische Berech-tigung.

Zersetzung des Bildungsbegriffs

Neben dem forcierten Einsatz von Computern und Internet beinhalten Buschors «Bildungslandschaften» auch die Auf-lösung des herkömmlichen Bildungsbegriffs. So gehören – man glaubt es kaum – laut Jacobs-Prospekt auch Aktivitäten in Jugendcliquen wie «Rauchen, Mobbing, Alkohol, Klauen, Facebook und verbotene Medien» zur Bildung. Solche Akti-vitäten werden als «wilde Bildung» bezeichnet.[289] Auf diesen Teil der «Bildung» hätten die Erwachsenen wenig Einfluss, be-hauptet die Jacobs-Stiftung:

---

[286] Auszeichnung für herausragende Schulen. Schweizer Schulpreis. http://schweizerschul-preis.ch/de, 26.12.2017

[287] Wenn die Handys verstummen. Neue Zürcher Zeitung, 09.04.2014

[288] https://schweizerschulpreis.ch/de/patronatskomitee, 26.12.2017

[289] Prospekt Amriswil, S. 7

«Auf die wilde Bildung haben Eltern, Lehrerinnen und Lehrer nur wenig Einfluss [...]. Gewisse Erfahrungen und Lernprozesse gehören dem Individuum ganz allein. Das soll auch so sein.»[290]

Ob die Eltern das auch so sehen, ist zu bezweifeln. Eltern wollen in der Regel zu Recht wissen, wo und wie ihre Kinder die Freizeit verbringen. Die Jacobs-Stiftung sieht das anders. In den «Bildungslandschaften» stellt sie Jugendlichen «Freiräume» zur Verfügung, in denen sie sich «ungestört» treffen können:

«Die Jugendlichen erhalten Räume, in denen sie sich – zum Teil unbeaufsichtigt – treffen, lernen, ‹chillen› [herumhängen] und austoben können.»[291]

Chaos als Strategie

Angeblich soll diese Massnahme zur besseren Integration der Jugendlichen beitragen. Doch nicht einmal die Jacobs-Stiftung selbst scheint an den Erfolg dieser Massnahme zu glauben. Sie plant nämlich bereits Versicherungskosten ein:

«Zu budgetieren sind allerdings Versicherungskosten und allfällige Schadensbehebungen, falls der Freiraum nicht funktioniert.»[292]

Schon als Erziehungsdirektor kümmerte es Buschor wenig, ob seine «Experimente» auch funktionierten. Das Chaos, das er anrichtete, war geplant: «Das ‹Chaos› [ist] kein Fehler, sondern eine Strategie», so das Volksschulamt.[293]

Buschors und Frattons Häuser des Lernens

Seine Vorstellung von Schule fasste Buschor damals unter dem Begriff «Haus des Lernens» zusammen. In seinen «Lern-

---

[290] Prospekt Amriswil, S. 3

[291] Jacobs Foundation: Umfassende Bildungsqualität, S. 24f.

[292] A.a.O., S. 25

[293] Durchzogene Zwischenbilanz des Schulprojekts 21. Zwischenbericht deckt Mängel auf. Neue Zürcher Zeitung, 22.01.2001

häusern» gab es nur altersdurchmischte Gruppen:

«Statt Jahrgangsklassen [sind] altersheterogene Gruppen vorge-
sehen.» – «Die Schule [wird] vom Klassenzimmer zum Haus des
Lernens [...]. Dabei [ist] die Aufhebung der Trennung Kindergar-
ten/Primarschule ein zentraler [...] Punkt.»[294]

Solche «Häuser des Lernens» propagiert heute auch der Romanshorner Bildungsunternehmer und «Schulinnovator» Peter Fratton.[295] Unter dem Label «Haus des Lernens» gründete oder «reformierte» Fratton rund 120 Schulen in Deutschland und der Schweiz.[296] Zudem berät er Schulbehörden und Schulleiter bei der Umsetzung von «Schulreformen». Stefan Gander von Rheineck (S. 67/68) wurde persönlich von Fratton ausgebildet.[297] Auch die Jacobs-«Bildungslandschaft» Amriswil lässt sich von ihm beraten. Am 29. Oktober 2015 hielt Fratton dort einen öffentlichen Vortrag über seine Vorstellung von Schule.[298]

Geplantes Scheitern nach Fratton

Die bisherigen Leistungsausweise von Fratton sind wenig vertrauenerweckend. In seinen «Lernhäusern» gilt das Prinzip «Wollen statt Müssen».[299] Die Lehrer sind dort nur noch «Lernbegleiter». Sie dürfen den Schülern nichts beibringen, ihnen nichts erklären, sie nicht motivieren und sie nicht erziehen, so Fratton.[300] Dabei folgt er wie Buschor der Chaos-Strategie:

---

[294] Kindergarten und Primarschule verschmelzen. Neues Konzept der Bildungsdirektion für die Grundstufe. Neue Zürcher Zeitung, 15.06.1999

[295] Peter Fratton lebt seine Idee. St. Galler Tagblatt, 21.12.2002

[296] Ankündigung zur öffentlichen Lesung mit Peter Fratton: «Lass mir die Welt, verschule sie nicht». Volksschulgemeinde Amriswil, 29.10.2015

[297] Die Stadt ist ein ausgedehntes Lernatelier. St. Galler Tagblatt, 21.05.2012

[298] Ankündigung zur öffentlichen Lesung mit Peter Fratton: a.a.O.

[299] «Wollen statt Müssen» – Veranstaltung mit Peter Fratton. Hamburger Bildungsdiskurs. Körber Stiftung. 25.11.2008. www.koerber-stiftung.de, 07.05.2012

[300] Peter Fratton: Die Schule der Zukunft: Wie geht individuelle Förderung? Offizielle Dokumentation der Anhörung im Landtag von Baden-Württemberg vom 20.06.2008

«Wir müssen [...] den Mut haben, etwas umzusetzen» nach dem Motto: «Keine Ahnung, was dabei herauskommt, aber schön falsch ist auch schön.»[301]

Hohe Durchfallquoten

Wie sich das anfühlt, erfuhren die Absolventen einer von Fratton gegründeten Privatschule für Touristik in Romanshorn namens «Academia Euregio Bodensee» im Jahr 2006. Die Hälfte von ihnen fiel durch die Lehrabschlussprüfung:

«Die 24 Absolventen des Touristik-Colleges der Academia Euregio Bodensee in Romanshorn erlebten an der letztjährigen Thurgauer KV-Lehrabschlussprüfung ein Fiasko: Die Hälfte fiel durch. Reto Ammann, Co-Leiter der AEB, spricht von einem Schock.»[302]

Der Schock wurde noch grösser, als bekannt wurde, dass 95 Prozent von den übrigen KV-Lehrlingen im Kanton diese Prüfung bestanden hatten.

Nicht besser erging es im Jahr 2012 den Maturanden des von Fratton gegründeten «Euregio-Gymnasium» in Romanshorn. Die Durchfallquote betrug auch dort über 40 Prozent. Der Schulleiter rechtfertigte das Desaster wie folgt:

«Die Jugendlichen [haben] enge Freundschaft gepflegt und gemeinsam das Leben genossen, sei es bei Klassenfahrten oder in den Pausen in der Sonne vor dem Lernhaus. Dies [ist] eine Form von Glück, die nicht unterschätzt werden [darf], auch wenn dabei manchmal der Blick auf die Realitäten etwas zu kurz gekommen [ist].»[303]

Die um ihren Lernerfolg betrogenen Schüler und deren Eltern werden diese Floskeln als puren Zynismus empfunden haben.

---

[301] A.a.O.

[302] Am Ende ein Fiasko. Der Schweizer Beobachter Nr. 8/2007

[303] Sieben bestanden Maturaprüfung. Thurgauer Zeitung, 22.09.2012

Privatisierung – ein Dammbruch

Trotz den negativen Schlagzeilen fördern offizielle Stellen Frattons Vorstellungen von Schule. Als die Sekundarschule Häggenschwil (SG) wegen sinkender Schülerzahlen geschlossen werden sollte, erteilten die Häggenschwiler Schulbehörden mit Einverständnis des Kantons Fratton den Auftrag, ihre Schule weiterzuführen. Seither besuchen die Häggenschwiler Sekundarschüler auf Kosten der Gemeinde eine Privatschule der Fratton-Kette.[304] Nur drei Familien weigerten sich, ihre Kinder Fratton anzuvertrauen. Sie schickten diese in die öffentliche Sekundarschule im Nachbardorf. Jedes Kind in der Schweiz hat das Recht, eine öffentliche Schule zu besuchen.

Die Auslagerung einer öffentlichen Volksschule an eine private Firma, wie dies in Häggenschwil geschieht, ist ein Dammbruch. Das Vorgehen wurde vom neoliberalen US-Ökonom Milton Friedmann bereits 2005 im «Wallstreet Journal» propagiert – mit der Behauptung, die Eltern könnten sich dann die beste Schule für ihr Kind aussuchen:

Der Staat sollte «den Eltern beträchtliche Geldbeträge [Vouchers] zur Verfügung stellen [...], die sie ausschliesslich für Bildung ausgeben dürfen [...]. Damit wären die Eltern frei, die Bildung frei zu wählen, die sie für ihre Kinder als die beste erachten.»[305]

Zweiklassensystem als Ziel?

Das System wurde in Schweden bereits ausprobiert – mit erschreckenden Folgen. In den 1990er Jahren führte Schweden «Bildungsgutscheine» («Vouchers») ein, nachdem das Bildungsniveau aufgrund der «Schulreformen» deutlich gesunken war. Viele glaubten den Versprechungen, dass sich die Bildungschancen verbessern würden. Tatsächlich erfolgte ein noch stärkerer Niedergang des öffentlichen Schulwesens. Die

---

[304] Die Schonzeit an unseren Schulen ist vorbei. NZZ am Sonntag, 10.06.2017

[305] Friedman Milton: The Promise of Vouchers. Wallstreet Journal, 05.12.2005

Bildungsketten teilten das Geschäft unter sich auf: gute Schulen für die Reichen und schlechte Schulen für die Armen. Die österreichische Tageszeitung «Der Standard» hält fest:

> «[In den 1990er Jahren wurde in Schweden] die freie Schulwahl eingeführt [...]. Die Schulen erhalten pro Schüler einen gewissen Geldbetrag, was einen Wettbewerb unter den Schulen entfachen sollte. Dies führte jedoch vor allem zu sozialen Ungleichheiten: Es bildeten sich regelrechte ‹Schulghettos› aus sozial benachteiligten Kindern und einem überproportional hohen Anteil an Nicht-muttersprachlern. Gleichzeitig gründeten sich vermehrt teure Privatschulen.»[306]

Das Beispiel Schweden zeigt, dass die Übernahme öffentlicher Schulen durch Private für die Schweiz nicht in Frage kommt. Es gibt für die Schweiz keinen Grund, ihr bewährtes, demokratisch verankertes Schulsystem durch untaugliche Modelle aus dem Ausland zu ersetzen.

Auch ist es mit dem Staats- und Bildungsverständnis der Schweiz unvereinbar, dass private, demokratisch nicht legitimierte Personen, Stiftungen, Firmen und Vereine derart Einfluss auf das öffentliche Bildungswesen nehmen. Als Bürgerinnen und Bürger können wir verlangen, dass unsere Volksschule wieder unter demokratische Kontrolle gestellt wird – auf der Grundlage von Pestalozzis Bildungsverständnis und Ethik. Unter diesem Gesichtspunkt ist auch der «Lehrplan 21» zu beurteilen.

---

[306] Alles schön «flummig» in Schweden. Der Standard, 24.03.2014 («flummig» heisst auf Schwedisch «schwammig»)

IV. Der Lehrplan 21 – ein politisches Steuerungsinstrument

1. Warum ein neuer Lehrplan?

Der «Lehrplan 21» wurde ohne demokratischen Auftrag während mehrerer Jahren von einer Gruppe willkürlich ernannter Personen im Rahmen der Erziehungsdirektorenkonferenz ausgearbeitet:

> «Tatsächlich hat die Expertengruppe der Deutschschweizer Konferenz der Erziehungsdirektoren jahrelang und unter grösster Geheimhaltung am Lehrplan gefeilt.»[307]

Bis anhin gab es in der föderalistischen Schweiz nur kantonale Lehrpläne, denn die Kantone haben bei uns – wie erwähnt – die Bildungshoheit.[308] Der «Lehrplan 21» hingegen wurde ohne Kenntnis der Öffentlichkeit für die ganze Deutschschweiz ausgearbeitet.

Im Jahre 2006 wurde der «Lehrplan 21» beschlossen,[309] 2012 wurde er den Medien vorgestellt und 2013 auch der Öffentlichkeit zugänglich gemacht.[310] 2014 wurde er – nach einer dreimonatigen Konsultationsfrist und einigen Detailanpassungen – definitiv erlassen.[311]

---

[307] Lehrplan soll vors Volk. Neue Zürcher Zeitung, 13.02.2015

[308] Bundesverfassung Art. 62: «Für das Schulwesen sind die Kantone zuständig.»

[309] Glaser Andreas & Fuhrer Corina: Der Lehrplan 21: Interkantonales soft law mit Demokratiedefizit. Zeitschrift für Schweizerisches Recht Nr. 134/2015, S. 513–540

[310] Anleitung zum Unterricht. Neue Zürcher Zeitung, 05.12.2012; Lehrplan 21: Das ist ein historischer Schritt. Neue Zürcher Zeitung, 28.06.2013

[311] Lehrplan bereit für die Einführung. Neue Zürcher Zeitung, 08.11.2014

Scheinbegründung

Als Rechtfertigung für ihr eigenmächtiges Vorgehen bei der Ausarbeitung dieses Lehrplans behauptete die Erziehungsdirektorenkonferenz, sie hätte damit die Ziele des Bildungsartikels von 2006 erfüllen müssen.[312] In Wirklichkeit waren diese Ziele – Vereinheitlichung von Schuleintrittsalter und Schulpflicht, von Dauer und Zielen der Bildungsstufen sowie von deren Übergängen – schon vor Einführung des «Lehrplan 21» erfüllt.[313] Es stellt sich also die Frage: Wozu noch dieser Einheitslehrplan? LCH-Präsident Beat Zemp verrät die entscheidenden Neuerungen:

> *«Der neue Lehrplan bringt [...] entscheidende Fortschritte. Er ist kompetenzorientiert. Er ist online verfügbar.»* [314]

Somit sind die «Kompetenzorientierung» und die Online-Orientierung die wichtigsten Neuerungen des «Lehrplan 21».

---

[312] Kathrin Schmocker, Co-Projektleiterin des Lehrplans 21: Schulblatt AG/SO, 21/2011

[313] Die einzige Ausnahme ist der Fremdsprachenunterrichts, der aber auch mit dem «Lehrplan 21» nicht vereinheitlicht wird. Vgl. Eine knifflige Aufgabe wartet. Neue Zürcher Zeitung, 01.07.2015

[314] Lehrplan 21. Das ist ein historischer Schritt. Neue Zürcher Zeitung, 28.06.2013

2. Kompetenz als hypnotische Worthülse

Laut Duden hat «Kompetenz» zwei Bedeutungen: Befugnis, Zuständigkeit einerseits und Fähigkeit, Vermögen anderseits. Beide Bedeutungen sind klar verständlich und allgemein bekannt. Der «Lehrplan 21» hingegen macht daraus etwas sehr Kompliziertes. Er definiert den Begriff wie folgt:

> *«Die Orientierung an Kompetenzen im Lehrplan 21 basiert unter anderem auf den Ausführungen von Franz E. Weinert. Nach ihm umfassen Kompetenzen mehrere inhalts- und prozessbezogene Facetten: Fähigkeiten, Fertigkeiten und Wissen, aber auch Bereitschaften, Haltungen und Einstellungen.»*[315]

Was sind «inhalts- und prozessbezogene Facetten»? Und warum zählen plötzlich auch «Bereitschaften, Haltungen und Einstellungen» zum Kompetenzbegriff? Das einzig Klare an dieser Definition sind die Begriffe Fähigkeit, Fertigkeit und Wissen, denn sie entsprechen dem üblichen Verständnis von Kompetenz.

Ein Konzept aus den USA

Der im «Lehrplan 21» verwendete Kompetenzbegriff wurde 1973 vom amerikanischen Testpsychologen David C. McClelland erfunden.[316] McClelland gilt als Begründer der Kompetenz-Bewegung in den USA.[317] Später wurde das Kompetenz-Konzept von der OECD übernommen. Diese beauftragte 1999 den deutschen Psychologen Franz E. Weinert, den Begriff für Europa auszuarbeiten.[318] Trotzdem – eine einheitliche Definition von «Kompe-

---

[315] Lehrplan 21. D-EDK 2015 (im folgenden Lehrplan 21). Heft Grundlagen, S. 6

[316] McClelland David C.: Testing for competence rather than for «intelligence». American Psychologist 28/1973, pp. 1–14

[317] Gelhard Andreas: Kritik der Kompetenz. Zürich 2012, S. 53

[318] Weinert Franz E.: Definition and Selection of Competencies. Concepts of Competence. OECD Munich 1999

tenz» existiert bis heute nicht.[319] Einig ist man sich nur darüber, dass jeder etwas anderes darunter versteht. Dies bekennt sogar der OECD-Autor Franz E. Weinert:

«Weil die wissenschaftlichen Definitionen des Kompetenz-konzeptes so verschieden sind, konnte keine allgemein anerkannte Kerndefinition gefunden werden.»[320]

Ohne theoretische Grundlage

Der Berner Pädagogikprofessor Walter Herzog untersuchte den Kompetenzbegriff des «Lehrplan 21» eingehend und kam zum Schluss:

«Es ist ziemlich unklar, was im Lehrplan 21 unter Kompetenz und Kompetenzorientierung verstanden wird.»[321]

Herzogs Fazit lautet, der Begriff sei in sich selbst widersprüchlich und ohne theoretische Grundlage.[322] Dem stimmt der Lehrplanforscher Professor Rudolf Künzli von der Universität Zürich zu. Für Künzli ist der Kompetenzbegriff des «Lehrplan 21» «weder theoretisch ausgereift noch empirisch geprüft».[323] Die Basler Ständerätin Anita Fetz findet ihn ganz einfach «schummerig».[324]

Ein Ablenkungsmanöver?

Warum wählte die Erziehungsdirektorenkonferenz ausgerechnet ein so schwammiges und schwer definierbares Kon-

---

[319] Hans Dieter Huber: Im Dschungel der Kompetenzen. In: Huber Hans Dieter et al. Visuelle Netze. Ostfildern-Ruit 2004, S. 31–38

[320] Weinert Franz E.: a.a.O., p. 3

[321] Herzog Walter: Kompetenzorientierung – eine Kritik am Lehrplan 21. Referat am Ausbildungssymposium der PH Luzern vom 7. Januar 2014

[322] A.a.O.

[323] Künzli Rudolf: Das Doppelgesicht des Lehrplan 21. In: Einspruch – Kritische Gedanken zu Bologna, Harmos und Lehrplan 21. Orpund 2016, S. 5

[324] Fetz Anita: Lasst die Schule in Ruhe. Der Lehrplan 21 ist gescheitert. Die Zeit, 23.10.2014

zept als Grundlage unserer Volksschule? Wurde der Begriff vielleicht gerade deshalb ausgewählt, weil er so vieldeutig und «schummrig» ist? Denn gleichzeitig ist er positiv besetzt: Ein kompetenter Mitarbeiter ist ein guter Mitarbeiter; das weiss jeder. Soll der Begriff durch seine Unschärfe und seine positive Färbung davon ablenken, welch fragwürdige Neuerungen der «Lehrplan 21» beinhaltet?

Die «Kompetenzorientierung» des «Lehrplan 21» wurde ohne öffentliche Diskussion längst eingeführt, wie die damalige Zürcher Bildungsdirektorin Regine Aeppli 2014 offen zugab:

> «Heute gehört das kompetenzorientierte Unterrichten in der Ausbildung zum pädagogischen Rüstzeug. Viele Lehrpersonen [...] haben sich das kompetenzorientierte Unterrichten in der Weiterbildung und in der Praxis [bereits] angeeignet.»[325]

Was bedeutet das für den Schulalltag? Ein Fallbeispiel soll dies verdeutlichen.

Ramona – ein Fallbeispiel

Ramona, eine Fünftklässlerin im Kanton Zürich, muss als Hausaufgabe an einer «Kompetenz» arbeiten, die ihr «Mühe bereitet».[326] Dies ist heute die «Kompetenz» «über Bücher reden». Pflichtbewusst entnimmt Ramona dem «Kompetenzordner» das entsprechende Arbeitsblatt und findet darauf folgende Anweisung:

> «Füll die folgende Tabelle zu den Texten im Sprachbuch Seite 8 und 9 aus [...]. Was meint Anna-Pia, wie das Ende einer Geschichte sein soll?»[327]

---

[325] Für Bildungsdirektorin Regine Aeppli ist der Lehrplan 21 pädagogisch und politisch ein richtiger Schritt. Neue Zürcher Zeitung, 12.04.2014

[326] Wochenplan für Ramona für die 46. Kalenderwoche 2014 (Name des Kindes geändert)

[327] Kompetenzorientiertes Arbeitsblatt «Über Bücher reden»

Was dieser schriftliche Arbeitsauftrag mit der «Kompetenz» «über Bücher reden» zu tun haben soll, weiss Ramona zwar nicht, doch gehorsam öffnet sie das Sprachbuch auf Seite 8. Dort findet sie keinen Text und keine Anna-Pia, sondern nur eine weitere Tabelle mit weiteren Fragen, die ebenfalls nichts mit Anna-Pia zu tun haben. Auf Seite 9 findet sie eine absurde Geschichte, in der eine Badewanne und eine Hausapotheke miteinander spazieren gehen. Gemeinsam besuchen die Badewanne und die Hausapotheke ein Café, wo sie Unmengen von Tortenstücken verspeisen. Als der Kellner mit der Rechnung kommt, spritzen sie ihn mit der Dusche von oben bis unten nass. Anschliessend setzen sie das Café unter Wasser und gehen nach Hause. Die Geschichte heisst «Ein schöner Nachmittag».[328]

Ramona ist verwirrt. Sie fragt ihre Mutter, was sie tun soll. Diese liest alles sorgfältig durch und ist ebenfalls verwirrt. Sie schlägt ihrer Tochter vor, ihre Freundin anzurufen, die wisse sicher, was zu tun sei. Doch Ramona antwortet verzagt, das nütze nichts, denn die Freundin arbeite gerade an einer anderen «Kompetenz».[329]

Leistungsabfall als Folge

Dieses Beispiel ist kein Einzelfall. Es zeigt, was sich hinter der wohlklingenden Worthülse «Kompetenz» im Schulalltag oft verbirgt. In Ramonas Schule wird schon länger «individualisiert» nach «Wochenplan» gearbeitet. Doch seit der Einführung der «Kompetenzorientierung» hat das «Individualisieren» sprunghaft zugenommen. In den Leistungsfächern wird fast nur noch so gearbeitet. Nur die leistungsstarken Schüler werden zuweilen vom Lehrer in kleinen Gruppen unterrichtet. Die schwächeren hingegen müssen parallel dazu am Compu-

---

[328] Sprachland. Trainingsbuch für die fünfte Klasse. Lehrmittelverlag des Kantons Zürich 2010

[329] Persönlicher Bericht von Ramonas Mutter vom November 2014 (Name des Kindes geändert)

ter arbeiten. Dient die «Kompetenzorientierung» dazu, den Klassenunterricht noch weiter zu verdrängen? Tatsächlich fordert der «Lehrplan 21», die Lehrer müssten die «Lernumgebungen» so gestalten, dass sie …

«… individuelle Lern- und Bearbeitungswege auf unterschiedlichen Leistungsniveaus und mit unterschiedlich ausgeprägten Interessensgraden» begünstigen.[330]

Wenn Eltern, Lehrmeister, Berufsschullehrer und Wirtschaftsvertreter also hoffen, mit dem «Lehrplan 21» würden die Schüler – nach Jahren fehlgeleiteter «Schulreformen» – wieder kompetenter, werden sie bitter enttäuscht sein. Unter dem Motto «Kompetenz» wird in Wirklichkeit das «Individualisieren» vorangetrieben. Ein weiterer Leistungsabfall wird die Folge sein.

---

[330] Lehrplan 21. Heft Grundlagen, S. 8

3. Ohne demokratische Legitimation

Dass der «Lehrplan 21» auf Widerstand stossen würde, war den Verantwortlichen klar. Deshalb hielten sie das Projekt wohl so lange geheim. Nach dessen Veröffentlichung war die Kritik des Schweizerischen Lehrerdachverbandes (LCH) anfänglich massiv.

Im Geheimen erstellt

In seiner Konsultationsantwort warf der LCH den Verantwortlichen die lange Geheimhaltung und ein undemokratisches, wenig transparentes Vorgehen vor:

> *«Der Lehrplan wurde in einem hermetisch abgeschirmten Entwicklungslabor mit gut hundert Eingeweihten hergestellt.»* – *«Wegen der bisherigen Geheimhaltung und spärlichen Information war [er] für die meisten Verbandsmitglieder neu.»* – *«Die enge Zeitvorgabe und die Ausklammerung wichtiger Themen im Fragebogen lässt teilweise die Befürchtung aufkommen, [die Verantwortlichen seien] nicht wirklich interessiert an einer fundierten Rückmeldung.»* – *«Dieses Vorgehen [wurde] vielleicht absichtlich so gewählt.»*[331]

Auch die unverständliche und abgehobene Sprache wurde vom LCH angeprangert:

> *«Sprache und Stil des Lehrplans sind nur für Eingeweihte verständlich. Eltern und Schülerinnen und Schüler werden kaum Zugang dazu finden.»*[332]

Steuerung des Bildungswesens

Die LCH-Vertreter hielten zudem fest, der «Lehrplan 21» sei sehr wohl eine grundlegende «Schulreform» und ein Paradig-

---

[331] Antwort des LCH zur Konsultation Lehrplan 21 der D-EDK 2013. Davos 15./16.11.2013, S. 1/4

[332] A.a.O., S. 6

menwechsel, obwohl die Verantwortlichen dies immer wieder bestreiten würden:

> «Die Politik behauptet, der Lehrplan 21 sei ‹keine Schulreform› und ‹kein Paradigmenwechsel›. Genau das ist er aber. Er ist Teil eines Programms zur [...] Steuerung im Bildungswesen.»[333]

Besonders schwer wiege die Beschneidung der Methodenfreiheit, so der LCH, denn das Unterrichtsverständnis des «Lehrplan 21» ziele eindeutig in Richtung «Individualisieren»:

> «Die ‹Methodenfreiheit› der Lehrperson wird stark relativiert», da die Umsetzung des «Lehrplan 21» eine «verstärkte Individualisierung des Lernens» erfordert.[334]

Vernichtende Kritik

Auch die Kritik der Wissenschaft war vernichtend. So warf der bereits genannte Berner Pädagogikprofessor Walter Herzog folgende Frage auf:

> «Als erstes stellt sich die Frage, ob das, was uns vorliegt, überhaupt ein Lehrplan ist.»[335]

Denn ein Lehrplan muss laut übereinstimmender Meinung der Experten einen Kanon von Lehrinhalten umfassen, die – meist nach Fächern geordnet – in eine sinnvolle Reihenfolge gebracht werden.[336] Dies ist beim «Lehrplan 21» nicht der Fall, so Herzog. Zudem muss ein Lehrplan den Zweck von Schule und Unterricht definieren und erklären, warum bestimmte Inhalte ausgewählt wurden. Dies sind aber laut Herzog normative Entscheidungen, die in einer demokratischen Gesellschaft nicht von Experten allein getroffen werden können. Sie müs-

---

[333] A.a.O., S. 2

[334] A.a.O., S. 2/12

[335] Herzog Walter: Kompetenzorientierung – eine Kritik am Lehrplan 21. Referat am Ausbildungssymposium der PH Luzern vom 7. Januar 2014

[336] Klinkhardt Lexikon der Erziehungswissenschaft, Band 2, S. 294

sen von den Bürgerinnen und Bürgern mitgetragen werden. Dafür muss ein Lehrplan so geschrieben sein, dass die Bürger ihn verstehen. Auch das sei beim «Lehrplan 21» nicht der Fall, betont Herzog. Deshalb sei er lediglich …

> *«… ein behördlich in die Welt gesetztes Dokument und nicht mehr.»*[337]

Beat Zemp als Sprachrohr der Erziehungsdirektorenkonferenz

Angesichts dieser fundamentalen Kritik von Wissenschaft und Lehrerschaft ist es mehr als befremdlich, dass Beat Zemp, Präsident des LCH, den «Lehrplan 21» in den höchsten Tönen lobt. Er preist ihn als «historischen Schritt» und «Meilenstein» und gibt seiner Hoffnung Ausdruck, dass diese «grosse Chance» genutzt werde.[338] Da aber Zemp selbst zum Kreis der «Eingeweihten» gehört, die den «Lehrplan 21» erstellt haben, erstaunt sein Enthusiasmus wenig.[339]

---

[337] Herzog Walter: a.a.O.
[338] Interview mit Beat Zemp. Neue Zürcher Zeitung, 28.06.2013
[339] www.lehrplan.ch/mitarbeit, 25.01.2016

4. Auflösung von Grundstrukturen

Mit dem «Lehrplan 21» werden praktisch alle bisherigen zeitlichen und fachlichen Grundstrukturen der Volksschule aufgelöst. Anstelle des bisherigen Kindergartens und der neunjährigen Schulpflicht besteht im «Lehrplan 21» eine elfjährige Schulpflicht. Sie beginnt mit vier und endet mit sechzehn Jahren und besteht aus drei grossen «Zyklen». Kindergarten und Jahrgangsklassen sind abgeschafft. Den bisherigen Fächerkanon auf der Oberstufe – bestehend aus Geschichte, Geographie, Biologie, Chemie und Physik – gibt es nicht mehr. Auch die Jahresziele sind aufgelöst und die praktisch-handwerklichen Fächer werden beschnitten. Dafür wird neu das Fach «Medien und Informatik» eingeführt.

Auflösung der Jahresstruktur

Obwohl diese Neugliederung der Volksschule eine fundamentale Umwälzung ist, wird sie im «Lehrplan 21» so beiläufig erwähnt, als ob es sich um eine Selbstverständlichkeit handeln würde:

> *«Der Lehrplan 21 unterteilt die elf Schuljahre in drei Zyklen. Der 1. Zyklus umfasst zwei Jahre Kindergarten und die ersten zwei Jahre der Primarschule (bis Ende 2. Klasse). Der 2. Zyklus umfasst vier Jahre Primarschule (3. bis 6. Klasse), und der 3. Zyklus die drei Jahre der Sekundarstufe I (7. bis 9. Klasse).*[340]

Mehr Erklärungen findet man im «Lehrplan 21» dazu nicht. Eine Begründung für die Neuordnung wird nicht gegeben.

Entwicklungspsychologisch fatal

Aus entwicklungspsychologischer Sicht ist diese Neugliederung der Volksschule fatal. Kinder brauchen überblickbare und klare Zeitstrukturen, um innere Zeitstrukturen aufbauen zu

---

[340] Lehrplan 21. Heft Überblick, S. 3

können. Der natürliche Jahresrhythmus mit dem Wechsel der Jahreszeiten ist ihnen vertraut. Frühling, Sommer, Herbst und Winter kennen sie aus ihrer eigenen Erfahrung und können deshalb ein Jahr überblicken. Drei- oder vierjährige «Zyklen» hingegen sind viel zu lang. Kindern scheinen sie endlos. In solch grossen Zeiträumen verlieren sie Mut und Orientierung. Auch die Eltern wissen am Ende eines Schuljahres nicht mehr, wo ihr Kind stehen sollte.

Mit der Aufhebung der Jahresstruktur werden wertvolle Entwicklungsressourcen vernichtet. Denn Kinder freuen sich und sind stolz, wenn sie wieder ein Jahr älter sind und in den Kindergarten, in die Schule oder in die nächste Klasse kommen. Diese Freude und dieser Stolz werden ihnen durch die Abschaffung der Jahresstruktur geraubt.

Was soll ein Achtjähriger seiner Grossmutter antworten, die ihn fragt, in welcher Klasse er jetzt sei? Soll er ihr sagen, er sei jetzt irgendwo im ersten «Zyklus», er wisse es aber nicht so genau, vielleicht auch schon im zweiten, denn jedes Kind lerne in seinem eigenen Tempo?

Abschaffung des Fächerkanons

Genauso widersinnig ist die Abschaffung des Fächerkanons in der Oberstufe.[341] Die klassischen Fächer Geschichte, Geographie, Biologie, Physik und Chemie sind in unserer Kulturgeschichte entstanden und sind Teil unserer Kultur. Zudem ist die Strukturierung des Wissens in Fächern eine Grundvoraussetzung für strukturiertes wissenschaftliches Denken. Auch für den internationalen wissenschaftlichen Austausch sind die Fächer unverzichtbar. Denn jedes Fach benötigt für seinen Forschungsgegenstand eine eigene Fachsprache und Methodik. Die Verschmelzung der genannten Fächer mit Ethik, Religion, Lebenskunde und Hauswirtschaft zum neuen Mischfach «Natur, Mensch, Gesellschaft» ist absurd.

---

[341] Lehrplan 21. Heft Überblick, S. 3

Kein seriöser Unterricht mehr möglich

Der Historiker und ehemalige Rektor der Pädagogischen Hochschule Zug, Dr. phil. Carl Bossard, warnt vor dem Kulturverlust durch die Fächervermischung. Die Folgen beschreibt er am Beispiel des Faches Geschichte wie folgt:

> *«Sobald aber eine Disziplin als eigenständiger Bereich verschwindet, verschwindet auch der Inhalt [...]. [Wenn wir uns] nur noch auf die Gegenwart beziehen, dann verlieren wir das Verhältnis zur Geschichte und damit die Orientierung [...]. Zukunft braucht eben Herkunft [...]. Erst wenn wir die Dinge im Kontext erkennen, gehen uns historische Welten auf.»*[342]

Andere Fachvertreter teilen seine Meinung. So unterstreicht etwa der Schweizer Geographie- und Geschichtslehrerverband, dass durch die Zusammenlegung der Fächer wichtige Fachkompetenzen verloren gehen. Diszipliniertes Denken in Einzelfächern sei unerlässlich, so der Verband, um überfachliche Zusammenhänge zu erkennen.[343] Mit dem geplanten Fächermix sei kein seriöser Unterricht mehr möglich, warnt Sabrina Jud, eine Vertreterin des Geographielehrervereins.[344] Somit wird die Auflösung der zeitlichen und fachlichen Strukturen der Volksschule durch den «Lehrplan 21» zu einem drastischen Niveauverlust führen.

---

[342] Bossard Carl: Geschichtsvergessenheit als Programm. Journal 21, 21.10.2015 (Journal 21 ist eine Schweizerische Online-Zeitung, bei der viele bekannte Journalisten mitarbeiten)

[343] Für die Beibehaltung der Fächer Geographie und Geschichte. Neue Zürcher Zeitung, 28.12.2013

[344] A.a.O.

5. Dramatischer Stoffabbau

Der Stoffabbau im «Lehrplan 21» ist massiv. Er ist aber wegen des gigantischen Umfangs von 470 Seiten und 2304 verwirrend formulierten «Kompetenzstufen» nicht leicht zu erkennen. Der unübersichtliche Aufbau trägt ebenfalls zur Verschleierung des Stoffabbaus bei. Frühere Lehrpläne waren kurz, klar und man konnte sich schnell einen Überblick verschaffen.[345]

Stoffabbau in Deutsch

Im Fachbereich Deutsch wird mit dem «Lehrplan 21» unter anderem die Rechtschreibung kommentarlos abgeschafft. Im ersten «Zyklus» (heute: Kindergarten und erste bis zweite Klasse) sollen die Kinder zwar von Anfang an schreiben, doch sie werden nicht mehr angeleitet, dies korrekt zu tun. Das Lernziel im ersten «Zyklus» lautet nur noch: «einzelne Wörter lautgetreu verschriften».[346] Somit schreiben die Kinder vier Jahre lang nur nach Gehör und werden von ihren Lehrern nicht korrigiert! So schreiben sie etwa «vehrien» statt «Ferien», «Fähler» statt «Fehler» oder «hatt» statt «hat». Wie sie später einmal eine korrekte Rechtschreibung lernen sollen, nachdem sie vier Jahre lang alles falsch schreiben durften und sich die falschen Wortbilder einprägten, ist ein Rätsel. Jeder Pädagoge weiss, dass das nicht funktioniert.

Die Abschaffung der Rechtschreibung ist ein schwerer Nachteil für das ganze Leben der Schüler. Werden die Kinder hingegen von Anfang an daran gewöhnt, auf die Rechtschreibung zu achten, fällt ihnen diese mit der Zeit immer leichter und sie können sich auf andere Lerninhalte konzentrieren.

---

[345] So hatte beispielsweise der Zürcher Lehrplan für die Primar- und Sekundarschule von 1991 50 Seiten und war allgemein verständlich geschrieben.

[346] Lehrplan 21. Heft Deutsch Kompetenzaufbau, S. 16

Stoffabbau im Rechnen

Auch im Rechnen ist der Stoffabbau massiv. Bis anhin galt folgendes Vorgehen: Um eine solide Grundlage zu legen, wurde als erstes der Zahlenraum 1 bis 10 erarbeitet. In diesem Zahlenraum zählen die Kinder vorwärts und rückwärts, vergleichen, sortieren und zerlegen Mengen, rechnen plus und minus, ergänzen und vermindern. Diese Rechnungen werden auch veranschaulicht, gezeichnet und aufgeschrieben.

Danach kommt der zweite Zehner an die Reihe, also der Zahlenraum von 10 bis 20. In diesem Zahlenraum werden dieselben Übungen gemacht. Die Kinder werden angeleitet, Ähnlichkeiten und Unterschiede der Rechnungen im ersten und im zweiten Zehner zu erkennen, zum Beispiel zwischen 2 + 5 und 12 + 5. Erst wenn das Rechnen sowohl im ersten als auch im zweiten Zehner sitzt, wird der Zehnerübergang erarbeitet.

Rechnungen, die den Zehner überschreiten, sind dabei stets in zwei Schritte aufzuteilen, mit einem «Zwischenhalt» bei zehn. So wird etwa die Rechnung 8 + 5 in die beiden Schritte 8 + 2 und 10 + 3 aufgeteilt. Dieser Vorgang muss sehr gründlich und an vielen Beispielen geübt, veranschaulicht und gefestigt werden. Er bringt den Kindern das Verständnis unseres Zehnersystems nahe und ermöglicht alle weiteren Rechenschritte, beispielsweise das Erlernen des Einmaleins.

Der Zehnerübergang, bisher Stoff der ersten Klasse, ist das Fundament alles späteren Rechnens. Kinder, die ihn nicht korrekt lernen, entwickeln keinen sicheren Zahlenbegriff und werden später mit grosser Wahrscheinlichkeit im Rechnen scheitern; deshalb ist der Zehnerübergang kein Detail. Doch im «Lehrplan 21» kommt er nicht mehr vor!

Auch das Einmaleins, bisher Stoff der zweiten Klasse, ist im «Lehrplan 21» nicht mehr vorgesehen. Laut «Lehrplan 21» müssen die Schüler im ersten «Zyklus» (also bis Ende der zweiten Klasse) nur noch einzelne Ergebnisse der Zweier-, Fünfer- und

Zehnerreihe «kennen» (nicht beherrschen!).[347] Dies sind aber nur jene Reihen, welche die Schüler praktisch ohne Lernen können. Es ist nicht nachvollziehbar, wie sie am Ende des zweiten «Zyklus» dann plötzlich «die Produkte des kleinen Einmaleins kennen» sollen, ohne alle Reihen geübt zu haben.[348] Tatsache ist, dass viele Schüler das Einmaleins schon heute nicht mehr können, weil vieles aus dem «Lehrplan 21» bereits umgesetzt wurde.

Der Taschenrechner als ständiger Begleiter?

Der Grundanspruch im Rechnen für die gesamte Primarschule lautet gemäss «Lehrplan 21» nur noch:

> *«Die Schülerinnen und Schüler können Grundoperationen mit dem Taschenrechner ausführen.»*[349]

Diesem Plan entspricht auch der Stoffabbau im Rechnen des zweiten und dritten «Zyklus». So kommt auch das schriftliche Malrechnen und Teilen – bisher Stoff der vierten Klasse – im «Lehrplan 21» nicht mehr vor. Die Erweiterung des Zahlenraums erfolgt nicht mehr wie vorher schrittweise um jährlich eine Null (S. 13), sondern sprunghaft. Nach der dritten Klasse wird von Tausend direkt auf eine Million gesprungen.[350] Dies ist für viele Kinder eine Überforderung.

Die Hauptleidtragenden des Stoffabbaus sind die Schüler – insbesondere solche aus «bildungsfernen» Familien. Diese Kinder haben keine Eltern, die ihnen zu Hause den Schulstoff erklären können, den sie in der Schule nicht mehr lernen. Auch können sie kaum teure Privatschulen besuchen, wenn die öffentliche Schule versagt. Somit raubt der «Lehrplan 21» vor allem den wenig privilegierten Bevölkerungsgruppen jegliche Bildungschancen.

---

[347] Lehrplan 21. Heft Mathematik, S. 11

[348] A.a.O., S. 11

[349] A.a.O., S. 11

[350] A.a.O., S. 10

Abtöten der Lernfreude

Der gesamte Lernstoff von elf Schuljahren wird im «Lehrplan 21» in 2304 «Kompetenzstufen» zerlegt – alle pedantisch durchnummeriert und codiert wie in einem Computerprogramm. Bei den «Kompetenzen» und «Kompetenzstufen» geht es meist darum, mechanisch irgendwelche Vorgaben abzuarbeiten. So lautet etwa die «Kompetenz» D.3.A.1.a im Bereich «Sprechen»:

> «Die Schülerinnen und Schüler können ihre Sprechmotorik, Artikulation, Stimmführung angemessen nutzen [...]. Sie können die meisten Laute sprechmotorisch isoliert und im Wort bilden.»[351]

Um diese «Kompetenz» zu trainieren, hält das «kompetenzorientierte» Lehrmittel «Sprachland» folgendes Kauderwelsch-«Gedicht» bereit:

> «Jolifanto bambla ô falli bambla
> grossiga m'pfa habla horem
> égiga goramen
> higo bloiko russula huju» und so weiter.[352]

Diesen Unsinn müssen sich die Kinder fünf Mal (!) auf CD anhören und dabei laut mitlesen. In einer anderen Übung müssen sie sich ein Gummiband um den Kopf legen, so dass der Mund bedeckt ist, und damit einen beliebigen Text vorlesen.[353]

Angeblich sollen solche Übungen die Sprechfähigkeit verbessern. In Wirklichkeit lernen die Kinder, mechanisch und freudlos irgendwelche Texte abzulesen, ohne über deren Inhalt nachzudenken. Ist das der neue Bildungsauftrag des «Lehrplan 21»? Sogar die Literatur wird in seelenlose «Kompetenzen»

---

[351] Lehrplan 21. Heft Deutsch Kompetenzaufbau, S. 11

[352] Sprachland. Trainingsbuch für die fünfte Klasse. Lehrmittelverlag des Kantons Zürich 2010, S. 79

[353] A.a.O., S. 78

zerstückelt. Dies bedauert Laura Saia, eine beseelte Deutsch-
lehrerin, zutiefst, denn sie weiss, ...

«...welche wunderbare Bedeutung [die Literatur] für Schule, Unter-
richt, ja für die Bildung eines jungen Menschen im humanistischen
Sinne hat».[354]

Positive Werte statt Kompetenzen

Ein Gedicht für die Primarschule zeigt, wie bereichernd und
aufbauend gut ausgewählte Lesetexte für die Schüler sein können. Das Gedicht heisst «Der Bär und das Eichhorn» und ist
sprachlich brillant, humorvoll und tiefgründig zugleich. Positive Werte wie Mut, Würde, Gleichwertigkeit und Versöhnung
werden vermittelt. Zugleich kann daran das Vorlesen und
Auswendiglernen trainiert werden. Die Kinder lieben das Gedicht und tragen es gerne vor:

Der Bär und das Eichhorn
James Krüss

Ein Bär, das stärkste Tier im Wald,
trat einmal aus Versehen
dem armen Eichhorn Willibald
im Walde auf die Zehen

Er sagte nicht: «Pardon, mein Herr!»
Er tappte in Gedanken
als Bär verquer im Wald daher.
(Ein Bär kennt keine Schranken.)

Da rief das Eichhorn Willibald:
«He, Dicker, bleib mal stehen!
Man tritt nicht einfach hier im Wald
wem anders auf die Zehen!»

Der Bär verhielt auf weichem Moos
verwundert seine Schritte
und fragte, ganz gedankenlos,
das kleine Tier: «Wie bitte?»

Das Eichhorn, das im Humpelschritt
zum Bären kam geschritten,
sprach: «Wer wem auf die Zehen tritt,
muss um Verzeihung bitten!

Wenn du auch stärker bist als ich
an Körperkraft und Krallen:
Dergleichen find ich widerlich!
Ich lass mir's nicht gefallen!»

Die Pfötchen voller Wut geballt
(noch kleiner als ein Hase),
so trat das Eichhorn Willibald
dem Bären vor die Nase.

Der Bär, mit bärigem Gebrumm,
verblüfft und auch betreten,
hat in der Tat das Eichhorn um
Entschuldigung gebeten.

Da sprach das Eichhorn Willibald:
«Schon gut! Schon gut! Doch künftig
gehst du mal wieder durch den Wald,
sei achtsam und vernünftig!»

«Gut», sprach der Bär, «ich merk es mir!»
(Was Willibald sehr gut tat.)
So kann man auch ein grosses Tier
belehren, wenn man Mut hat.

---

[354] Saia Laura. Der Lehrplan 21 ist bildungsfern. Neue Zürcher Zeitung, 25.11.2015

Frühere Sprach- und Lesebücher enthielten eine sorgfältige Auswahl von interessanten und vielseitigen, oft auch humorvollen Texten mit einem guten Wortschatz und prosozialen Werten.

Unter der «Kompetenzorientierung» hingegen fliessen zunehmend untergründig antisoziale Botschaften in den Unterricht ein. Die Stoffvermittlung kommt oft zu kurz. Dies verdeutlicht ein Beispiel aus dem Kanton St. Gallen:

Antisoziale Botschaften in Lehrmitteln

Nach dem ersten Schultag in der fünften Klasse kommt Timon mit einem Arbeitsmäppchen im Fach Rechnen nach Hause. Die darin enthaltenen Aufgaben soll er auf den nächsten Tag lösen. Der Titel des Mäppchens lautet: «Die coole Jugendbande».[355] Um die Rechenaufgabe zu lösen, muss Timon zuerst eine mehrseitige Geschichte über die «coolen Jungs» lesen. Diese ärgern ständig ihre Mitschüler, zetteln Streitigkeiten an, prügeln sich, spucken auf den Boden, ziehen sich die viel zu weiten Hosen hoch und stolpern dauernd über ihre Schuhbändel. Im Unterricht passen sie nicht auf und vergessen die Hausaufgaben.

Ausgerechnet diesen Schülern überträgt die Rektorin die Aufgabe, gegen einen Lohn ihren Mitschülern in den Pausen Schulmaterial zu verkaufen. Mit dieser Massnahme sollen sie angeblich besser «integriert» werden. Doch die Methode funktioniert nicht, die «coolen Jungs» betrügen ihre Mitschüler und verkaufen das Schulmaterial viel zu teuer. Nun bildet sich eine «Krimibande» und sammelt Beweise gegen die «coolen Jungs». Mit diesen Beweisen gehen die Kinder der «Krimibande» zur Rektorin.

Betrügen ohne erwischt zu werden

Nun folgt der erste Arbeitsauftrag: «Schreibe das Gespräch zwischen den Kindern der Krimibande und der Rektorin auf!» Als zweite Aufgabe sollen die Schüler anhand einer Tabelle

---

[355] Persönlicher Bericht von Timons Mutter vom Oktober 2015 (Name des Kindes geändert)

ausrechnen, wie hoch der betrügerische Gewinn der «coolen Jungs» ist. In der dritten Aufgabe müssen sie die folgende Frage beantworten:

«Woran kann man also erkennen, dass die coole Jugendbande betrogen hat? Wie hätten die Jungs betrügen können, ohne dass die Krimibande es sofort gemerkt hätte?»[356]

Rechnerisch bringt die Aufgabe wenig, da die Rechnungen für die fünfte Klasse viel zu einfach sind. Doch das Rätseln darüber, was man rechnen muss, erfordert viel Zeit. Bei dieser Rechenaufgabe lernen die Schüler also vor allem, wie man betrügen kann, ohne erwischt zu werden, und wie man sich verhalten muss, um als «cool» zu gelten und mit attraktiven Spezialaufträgen belohnt zu werden.

Lehrmittel ohne demokratische Kontrolle

Timons Mutter ist empört und wendet sich an die Lehrerin. Diese, frisch von der Pädagogischen Hochschule kommend, versteht die Aufregung der Mutter nicht. Das Lehrmittel wurde ihr in der Ausbildung als besonders originell empfohlen. «Normales» Rechnen hingegen sei langweilig, wurde ihr beigebracht, dafür habe man ja Taschenrechner ....

Die genannten Beispiele könnten beliebig fortgesetzt werden. Sie zeigen, dass die inhaltsleeren «Kompetenzen» mit beliebigen, nicht selten fragwürdigen Inhalten gefüllt werden können. Die entsprechenden «kompetenzorientierten» Lehrmittel sind bereits im Umlauf, wie die Prorektorin der Pädagogischen Hochschule Schaffhausen, Hania Hansen, bestätigt:

---

[356] Kriminell gut rechnen. Ein Lehrmittel aus dem Auer-Verlag (es wird in vielen St. Galler Schulen verwendet). www.auer-verlag.de/06506-kriminell-gut-rechnen-klasse-5-10. html, 02.01.2017

*«Die Lehrpersonen müssen sich nicht um den Lehrplan kümmern.
Einzig die Lehrmittel sind relevant.»[357]*

Der Bildungsforscher und Schweizer Pisa-Mitarbeiter Urs
Moser ergänzt:

«Der Lehrplan fliesst vor allem in die Lehrmittel ein.»[358]

Damit werden die Inhalte der Volksschule der demokratischen Kontrolle entzogen. Der «Lehrplan 21» erweist sich als
Steuerungsinstrument im Dienste nicht transparenter Interes-
sen.

---

[357] Hania Hansen. Weiterbildungsveranstaltung «Lehrplan 21» in Schaffhausen vom
02.05.2016

[358] Die neue Schule. Interview mit Urs Moser. Coopzeitung, 21.09.2015 (Urs Moser ist
Mitglied der nationalen Projektleitung von Pisa)

6. Schüler ans Netz – Computer statt Lehrer

Eine weitere einschneidende Neuerung des «Lehrplan 21» ist wie erwähnt die «Online-Orientierung» oder «Digitalisierung». Die «Neue Zürcher Zeitung» bestätigt:

«Mit dem Lehrplan 21 hält die Informatik flächendeckend Einzug in die Schule.»[359]

Mit dem «Lehrplan 21» wird die Informatik erstmals zum obligatorischen Schulfach ab Beginn der Primarschule. Bereits mit vier Jahren sollen die Kinder «digitale Anwenderkompetenzen» lernen![360] «Geschafft: Informatik im Lehrplan 21!» frohlockt die Computerbranche:

«Dass Informatik künftig (endlich) Teil der Grundausbildung sein wird, kann man durchaus als Erfolg für den IT-Dachverband ICTswitzerland werten. Dessen Kommission hat sich vehement dafür eingesetzt.»[361]

Schulreform aus den USA

Doch das Lobbying für die Digitalisierung begann schon früher. Wie erwähnt wurde die Digitalisierung bereits 1997 von Erziehungsdirektor Ernst Buschor aus den USA in die Schweiz gebracht (S. 109). Seither wird sie vorangetrieben. Mit dem «Lehrplan 21» soll sie nun flächendeckend und gegen den Widerstand von Eltern, Lehrern und Fachleuten umgesetzt werden.

Eigentlich ist die Digitalisierung nur die konsequente Umsetzung des «Individualisierens». Mit dem «Individualisieren» wird die unverzichtbare Beziehung zwischen Schüler und

---

[359] Digitalisierung made in Switzerland. «Digitales Manifest» vor der Bewährungsprobe. Neue Zürcher Zeitung, 28.10.2017

[360] Lehrplan 21. Heft Medien und Informatik, S. 6

[361] Geschafft: Informatik im Lehrplan 21. Inside-it.ch, 07.11.2014 (Inside-it.ch ist das Publikationsorgan der Schweizer Informations- und Kommunikationsbranche)

Lehrer geschwächt und entwertet. Anschliessend werden die Schüler mittels Digitalisierung auf den Computer ausgerichtet. Im «digitalen Klassenzimmer» übernimmt der Computer die Rolle des Lehrers. Eine Schulleiterin erklärt:

> «Die Idee des individualisierten Lernens ist nicht neu, aber erst das iPad macht es uns möglich, das umzusetzen.»[362]

Ein Vertreter der Computerbranche bestätigt diesen Zusammenhang:

> «Der Lehrplan 21 fördert das individuelle Lernen und die Digitalisierung.»[363]

Digitalisierung mit dem Lehrplan 21

Die Digitalisierung der Schulen wird zur Zeit schweizweit vorangetrieben.[364] Kindergärten, Primarschulen und Oberstufenschulen werden mit modernster Computertechnologie ausgestattet – und dies stets mit Bezug auf den «Lehrplan 21»:

> «Um dem Lehrplan 21 gerecht zu werden, verfügt die Unterstufe [Thalwil] bereits über ein Gerät pro zwei Kinder, die Mittelstufe und die Sekundarschule weisen bereits ein Gerät pro Kind auf.»[365]

Auch die Stadt Bern digitalisiert ihre Schulen:

> «Die neue Informatik-Lösung [in der Stadt Bern] soll […] [die] Vorgaben des neuen Lehrplan 21 berücksichtigen.» – «Künftig sollen Schülerinnen und Schüler im Unterricht mit Smartphones, Laptops und Tablets arbeiten können.»[366]

---

[362] Lernen mit neuen Medien. Geo Magazin, 12.12.2014

[363] Die Schonzeit an unseren Schulen ist vorbei. NZZ am Sonntag, 10.06.2017

[364] Computer für die Kleinsten. Digitale Offensive in den Schulzimmern. SRF-Rundschau, 18.01.2017

[365] Neues Medienfach stellt Schulen vor Probleme. Zürichsee-Zeitung, 08.05.2017

[366] Stadt Bern erneuert Informatik-Infrastruktur an den Schulen. Inside-it.ch, 31.03.2016

Die Geldquellen für die Digitalisierung scheinen unerschöpflich zu sein. So schätzt die Schulgemeinde Adliswil (ZH) die Anschaffungskosten für ihren neuen IT-Gerätepark auf eine Million Franken. Diese Kosten werden sich etwa alle fünf Jahre wiederholen, weil Computer und Software dauernd nachgerüstet, ergänzt und erneuert werden müssen.[367] Doch Geld spielt bei der Digitalisierung offensichtlich keine Rolle.

Zweifelhafter Nutzen

Und dies, obwohl der Nutzen des Computers als Lerninstrument nie nachgewiesen wurde! Nicht einmal Lehrlinge der IT-Branche benötigen IT-Vorkenntnisse, im Gegenteil: Auch IT-Betriebe suchen vor allem Lehrlinge mit guten Kenntnissen in Deutsch und Mathematik.[368] Mario Andreotti, Mittelschullehrer und Dozent für Sprach- und Literaturwissenschaft an der Universität St. Gallen, warnt vor den falschen Verheissungen der Digitalisierung:

«Kaum eine Studie konnte nachweisen, dass Schüler durch digitale [...] Medien [...] besser lernen – und dies, obwohl Bildungsforscher in vielen Ländern schon lange nach Effekten fahnden.» – «Mit der Gerätebegeisterung wird, oftmals sehr direkt, die Botschaft vermittelt, das Lernen mit digitalen Medien gehe einfacher, schneller, besser.» – «Das ist ein Trugschluss [...]. Wer lernen und verstehen will, muss aus etwas Fremdem etwas Eigenes machen [...]. Das gibt zu tun, weil nun einmal Lernen ohne Anstrengung nicht zu bewältigen ist. Daran ändern auch die digitalen Verheissungen nichts.»[369]

Auch IT-Experten wissen, dass Lernen im Gehirn und nicht im Computer stattfindet. So betont selbst Clifford Stoll, ein Computerfachmann und Internetpionier der ersten Stunde:

---

[367] Neues Medienfach stellt Schulen vor Probleme. Zürichsee-Zeitung, 08.05.2017

[368] www.zli.ch/ict-berufslehre/mediamatikerin, 12.12.2017

[369] Andreotti Mario: Per Mausklick in eine geistige Pseudoaktivität, Wiler Zeitung, 15.02.2016

«*Warum wird so wenig darüber diskutiert, ob es gut ist, Riesensummen für Schulcomputer zu verschwenden? [...] Jährlich werden viele Millionen ausgegeben, um die Schulklassen mit Computern auszustatten – nur damit alle Schüler Computerwissen erwerben. Aber wie viel muss ein Schüler über Computer wissen? [...] Es ist Zeitverschwendung, den Umgang mit Spezialprogrammen zu unterrichten, denn die Software, deren Anwendung man in der Schule lernt, wird vielleicht ‹draussen› gar nicht mehr benützt oder ist längst veraltet [...]. Das wirklich Notwendige zu lernen, ist nicht allzu schwer [...]. Der Zeitaufwand und die geistige Anstrengung sind nicht der Rede wert [...]. Die viele Zeit, die man verschwendet, um die Geheimnisse eines Computers zu erklären, fehlt nur an anderer Stelle.*»[370]

Computer sorgen für schlechte Schulleistungen

Zahlreiche Untersuchungen belegen, dass Computer die Schulleistungen sogar verschlechtern.[371] Laut einer Studie der Militärakademie West Point in den USA erzielten Schüler, die mit Tablets oder Laptops lernten, deutlich schlechtere Prüfungsresultate als solche, denen der Computer verboten war.[372] Laut einer israelischen Untersuchung nahmen die Leistungen von Viertklässlern in Mathematik nach der Einführung von Schulcomputern signifikant ab.[373] Kinder in Rumänien nutzten ihre Laptops vor allem für Spiele. In einer Nachuntersuchung zeigte sich, dass sie zwar einen Computer besser als zuvor bedienen konnten, dass sich ihre Schulleistungen aber

---

[370] Stoll Clifford: LogOut. Warum Computer nichts im Klassenzimmer zu suchen haben. Frankfurt am Main 2001, S. 13, 17f.

[371] Computer sorgen für ungenügende Leistungen. SonntagsZeitung, 05.06.2016

[372] Payne Carter Susan, Greenberg Kyle & Walker Michael: The Impact of Computer Usage on Academic Performance: Evidence from a Randomized Trial at the United States Military Academy. Cambridge 2016

[373] Angrist Joshua D. & Lavy Victor. New evidence on classroom computers and pupil learning. Economic Journal 112/2002, pp. 735–765

verschlechtert hatten.[374] In Nigeria musste ein Laptop-Projekt abgebrochen werden, weil mit den Schul-Laptops pornographische Seiten heruntergeladen wurden.[375] Auch Gewaltvideos wurden an die Geräte adaptiert.[376] Der Neurowissenschaftler Manfred Spitzer fasst zusammen:

> *«Aufgrund der bereits vorliegenden Studien [haben wir] guten*
> *Grund zur Annahme, dass Laptops und Smartboards in Schulen den*
> *Lernerfolg beeinträchtigen und damit den Kindern schaden.»[377]*

Computer nur für die Kinder der anderen?

Kadermitarbeiter globaler IT-Konzerne wie Apple, Google oder Yahoo im «Silicon Valley»[378] schicken deshalb ihre eigenen Kinder häufig in Schulen ohne Computer.[379] Dort wird ausschliesslich mit Stift und Papier, Wolle und Lehm, Wandtafel und Kreide gearbeitet. Kein einziger Bildschirm ist in diesen Schulen zu sehen! Apple-Gründer Steve Jobs verbot seinen eigenen Kindern, ein iPad zu benutzen, und auch der heutige Apple-Chef Tim Cook möchte nicht, dass sein Neffe soziale Netzwerke nutzt.[380]

Lernen durch reale Erfahrung

Der Grund, warum Lernen am Computer nicht funktioniert, liegt in der menschlichen Natur. Unser Gehirn ist so struktu-

---

[374] Malamud Ofer & Pop-Eleches Cristian. Home computer use and the development of human capital. NBER Working Papers 15814, National Bureau of Economic Research Inc. 2010

[375] Meldung der nigerianischen Nachrichtenagentur NAN. Zitiert nach: Mah Paul. OLPC used by Students to access porn. Singapur 2007

[376] Spitzer Manfred: Digitale Demenz. München 2012, S. 74

[377] A.a.O., S. 94f.

[378] Das «Silicon Valley» (Kalifornien) ist einer der weltweit wichtigsten Standorte der Computerindustrie.

[379] A Silicon Valley School Doesn't Compute. The New York Times. 22.10.2011

[380] The reason Steve Jobs didn't let his children use an iPad. Independent, 24.02.2016; Frankfurter Allgemeine Zeitung, 22.01.2018

riert, dass sich abstraktes Denken nur auf der Grundlage realer Erfahrung bildet. Werden Kinder zu früh an Bildschirmmedien herangeführt, fehlen ihnen die nötigen Grunderfahrungen in der dreidimensionalen Welt. Sie können die passiv am Bildschirm aufgenommenen Bilder und Inhalte nicht mit eigenen Erfahrungen verknüpfen. Deshalb bleiben diese Inhalte nicht haften. Tiefergehende Verarbeitungsschritte fehlen. Deshalb erlangen Schüler, die regelmässig am Computer lernen, nie die Sicherheit, die sie brauchen, um selbstständig denken zu lernen. Ohne nachzudenken klicken sie sich hektisch durch die Lernprogramme und Websites. Ihr Wissen bleibt oberflächlich und flüchtig, ihr Denken sprunghaft und ungenau.[381]

Schreibschrift fördert Denken

Der Zusammenhang zwischen realer Erfahrung und abstraktem Denken wird auch beim Schreiben deutlich. So ist das Formen der Buchstaben von Hand mit dem Stift auf Papier eine hochkomplexe Hirnleistung. Verschiedene Areale des Gehirns sind daran beteiligt: Die Buchstabenform muss erinnert, mit dem entsprechenden Laut verknüpft und motorisch auf das Papier gebracht werden. Aus Buchstaben werden Wörter und daraus Sätze und Sinnzusammenhänge gebildet. Durch diesen vielschichtigen geistig-körperlichen Vorgang prägt sich das Geschriebene tief im Gedächtnis ein.

Die gleichförmige Auf- und Ab-Bewegung des Fingers beim Tippen hingegen steht in keinem Bezug zur Buchstabenform. Das Tippen auf einer Tastatur erfordert vom Gehirn wenig Eigenleistung und hinterlässt nur schwache Gedächtnisspuren. Getipptes wird deshalb signifikant schlechter erinnert als von Hand Geschriebenes:

> «*Französische und amerikanische Studien […] belegen, dass Kinder, die flüssig mit der Hand schreiben, andere und mehr Hirnareale aktivieren als beim Tippen einzelner Buchstaben […].*

---

[381] Spitzer Manfred: Digitale Demenz. München 2012, S. 166–184

*Stutzig macht auch, dass Studenten, die mit der Hand mitschrei-
ben, erwiesenermassen besser lernen, als wenn sie ihre Notizen in
den Computer tippen.»[382]*

Besonders intelligenzfördernd wirkt das verbundene Schreiben. Denn die Schreibschrift – in der Schweiz auch «Schnürlischrift» genannt – erfordert ständiges Vorausdenken beim
Verbinden der Buchstaben, um den Schreibfluss nicht zu
unterbrechen. Dieses laufende Vorausdenken fördert das Erfassen von Sinnzusammenhängen.[383] Beim Schreiben bilden
sich auch neue Ideen, Gedanken und Schlussfolgerungen.
Deshalb ist Schreiben mehr als nur eine technische Fertigkeit.
Es bereichert die Persönlichkeit und bildet den Geist.[384]

Basisschrift als Vorstufe?

Aufgrund der unschätzbaren Vorzüge der Schreibschrift
(S. 12) ist es unverständlich, dass der «Lehrplan 21» sie als ver-
pflichtenden Schulstoff abschafft.[385] Nur noch die sogenannte
«teilverbundene» «Basisschrift» wird verlangt.[386]

Im Gegensatz zur formschönen, flüssigen und gut lesbaren
«Schnürlischrift» ist die neue «Basisschrift» schlecht lesbar
und ästhetisch wenig ansprechend. Durch ein verwirrendes
Regelsystem von Teilverbindungen zerfallen die Wörter der
«Basisschrift» in sinnwidrige Einzelteile und sind nicht mehr
als ganze Wortbilder erkennbar.[387] Zudem ist die «Basisschrift»
weder schräg gestellt (kursiv) noch durchgehend verbunden
und kann deshalb nie zu einer flüssigen Handschrift werden.
Sie bleibt stets eine krakelige Kinderschrift.

---

[382] Schmoll Heike: Arme Sprache. Frankfurter Allgemeine Zeitung, 17.01.2015

[383] Bieder Boerlin Agathe: Schnürlischrift ade? Eine Ode an die altbewährte Form. Bildungsbeilage Neue Zürcher Zeitung, 19.03.2007

[384] Liessmann Konrad Paul: Praxis der Unbildung. Wien 2014, S. 131ff.

[385] Lehrplan 21. Heft Deutsch Kompetenzaufbau, S. 16

[386] Schüler sollen Basisschrift lernen. Neue Zürcher Zeitung, 04.11.2016

[387] Einführung in die Basisschrift. Bildungsdepartement Kanton St. Gallen, 13.04.2016

Vermutlich ist die missratene «Basisschrift» nur ein Zwischenschritt, um das Schreiben von Hand ganz abzuschaffen. In den USA ist dies bereits geschehen. In 45 amerikanischen Bundesstaaten wurde das Schreiben von Hand aus den Lehrplänen gestrichen. Dort arbeiten die Schüler nur noch am Computer.[388] Ist dies auch bei uns geplant? Der Schriftsteller Alain Claude Sulzer vermutet:

> «[Man glaubt] die unausgesprochene Ansicht herauszuhören, dass in Zukunft ohnehin kaum noch auf Papier geschrieben werden wird [...]. Die letzte fliessende Bewegung beim Schreiben bleibt dem Bildschirmwischen vorbehalten.»[389]

Abschaffung der Schreibschrift von langer Hand geplant

Die Abschaffung der Schreibschrift wurde nicht erst gestern beschlossen. Sie wurde im Gegenteil von langer Hand geplant. Bereits in den 1990er Jahren redete man den Lehrern in Weiterbildungen ein, Schräglinien seien bei der Einführung der Schreibschrift nicht mehr nötig. Zudem wurde bei der Einführung der Schreibschrift vielerorts auf Klassenunterricht verzichtet und auf «Werkstattunterricht» (S. 25/36) umgestellt. Das bedeutete, dass sich viele Schüler die Schreibschrift ohne Anleitung des Lehrers und ohne Schräglinien selbst beibringen mussten. Das funktionierte erwartungsgemäss nicht. Viele Schüler lernten deshalb die Schreibschrift nie richtig. So können heute viele Jugendliche und junge Erwachsene die Schreibschrift nur noch mangelhaft schreiben und behelfen sich mit der viel langsameren Druckschrift.

Und nun wird dieses bewusst herbeigeführte Problem als Vorwand benutzt, um die Schreibschrift noch ganz

---

[388] Vereinigte Staaten – die Abschaffung der Schreibschrift. Frankfurter Allgemeine Zeitung. Filmbeitrag. www.faz.net/aktuell/gesellschaft/vereinigte-staaten-die-abschaffung-der-schreibschrift-12642348.html, 25.11.2017

[389] Sulzer Alain Claude. Machen wir's kurz. Mit der Schnürlischrift gehen mehr als ein paar Schnörkel verloren. Neue Zürcher Zeitung, 12.11.2014

abzuschaffen! Sie sei zu schwierig für die Schüler, wird behauptet. Warum aber ganze Generationen seit Jahrzehnten diese Schrift lernen konnten, wird nicht erklärt.

Mit der Abschaffung der Schreibschrift wird der Jugend ein unschätzbares Kulturgut vorenthalten. Die Unfähigkeit, flüssig zu schreiben, wird ihre Zukunftschancen und ihr Bildungsniveau erheblich beeinträchtigen.

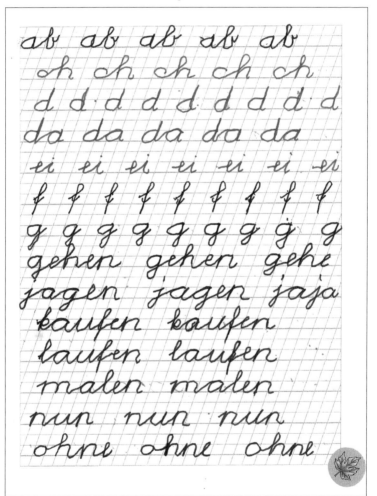

Einführung der Schreibschrift mit Schräglinien (Schreibheft eines Zweitklässlers)

Computer machen abhängig

Trotz unbestreitbarer Vorteile des Computers darf nicht vergessen werden, dass er auch abhängig macht. Wer nur noch am Computer schreiben kann, ist immer auf das Funktionieren der Technik angewiesen. Fällt diese einmal aus, ist er handlungsunfähig, wie uns der Historiker und Germanist Tilman Spreckelsen vor Augen führt:

«Der große Nachteil am Schreiben mit dem Computer ist, dass man immer mehr dazu braucht. Erst mal das Gerät, dann aber auch Strom. Wenn der Akku leer ist und keine Steckdose da, kann man das, was man geschrieben hat, nicht mehr lesen und nichts Neues schreiben. Und wenn ein Glas Wasser auf die Tastatur fällt, kann es sein, dass alles weg ist, weil der Computer kaputt ist.»[390]

Das Kind – ein soziales Wesen

Wie aufgezeigt widerspricht die Digitalisierung des Lernens der Funktionsweise des menschlichen Gehirns. Sie steht zudem auch im Gegensatz zur Sozialnatur des Menschen. Wir Menschen und insbesondere Kinder sind von Natur aus soziale Wesen und auf Beziehung angewiesen – auch und gerade beim Lernen.[391] Sie brauchen Lehrer, die ihnen die Welt erklären, die sie fordern und fördern, die sich an ihnen freuen und ihnen vermitteln, dass der Schulstoff interessant und wichtig ist. Sie brauchen Lehrer, die ihnen Fehler aufzeigen und sie korrigieren, die ihnen Mut machen und Hilfestellungen geben, wenn sie mutlos oder unsicher sind.

Die Anleitung durch den Lehrer ist für die Schüler ein stetiger Ansporn zum Lernen.[392] Ebenso motiviert sie das gemeinsame Lernen in der Klasse unter Anleitung des Lehrers

---

[390] Spreckelsen Tilman (Historiker und Germanist): Warum wir noch lernen, mit der Hand zu schreiben. Frankfurter Allgemeine Sonntagszeitung, 16.01.2015

[391] Portmann Adolf: Biologie und Geist. Frankfurt am Main 1973;
Bowlby John: Mutterliebe und kindliche Entwicklung. München und Basel 1995

[392] Werner Rainer. Auf den Lehrer kommt es an. Berlin 2016

und fördert ihre geistige und emotionale Entwicklung. Marc König, der Präsident der Schweizer Gymnasialrektorenkonferenz, unterstreicht:

«Lernen ist nicht einfach Stoffvermittlung, sondern ein sozialer Akt in der Klasse.» [393]

Computer hingegen sind tote Maschinen. Sie können weder motivieren noch ermutigen noch begeistern. Wenn Kinder fast nur noch am Computer lernen, besteht die Gefahr, dass ihr Denken und Fühlen verkümmert. Es ist deshalb mehr als fahrlässig, Kinder beim Lernen seelenlosen Automaten zu überlassen.

Online-Sucht

Mit der Digitalisierung des Lernens hat auch das Problem der Computersucht zugenommen. In Südkorea, dem Land mit der weltweit höchsten Computerdichte an Schulen, sind bereits über zehn Prozent aller Schüler computersüchtig.[394]

Computersüchtige leben nur noch in ihrer virtuellen Computerwelt und vergessen mitunter gar zu essen und zu schlafen. Die Computerindustrie programmiert ihre Spiele bewusst so, dass sie süchtig machen. In Deutschland sind inzwischen eine Viertelmillion aller Vierzehn- bis Sechzehnjährigen computersüchtig.[395]

Besonders suchterzeugend wirkt – so eine Studie des deutschen Bundesinnenministeriums – das Online-Spiel «World of Warcraft».[396] Und ausgerechnet dieses Spiel wird von der Pädagogischen Hochschule Nordwestschweiz beworben! Auf ihrer «Bildungsseite» behauptet die Hochschule, «World of Warcraft» fördere die sozialen Beziehungen:

---

[393] Neue Zürcher Zeitung, 03.11.2017

[394] Kim Sam. South Korea ditching textbooks for tablet PCs. USA today. 20.07.2011

[395] Droge Internet. Wie sich Internetsüchtige aus der virtuellen Welt befreien. ARD, 22.05.2012

[396] World of Warcraft und die Sucht. n-tv.de. RTL, 13.02.2015

«Millionen von Menschen spielen über das Internet gleichzeitig
dasselbe Spiel und bauen so zueinander soziale Beziehungen auf.
Bei Games wie ‹World of Warcraft› spielen zeitweise über
12 Millionen gleichzeitig miteinander.»[397]

Dass die Hauptaktivität der Spieler darin besteht, sich gegenseitig auszutricksen und abzuschlachten, wird von der Pädagogischen Hochschule nicht erwähnt. In dieser Logik wäre auch eine Organisation wie die Mafia beziehungsfördernd.

Einsam und unglücklich mit Facebook

Auch Online-Plattformen wie «Facebook» oder «WhatsApp» können Suchtverhalten hervorrufen. Eine amerikanische Studie untersuchte 3 400 Mädchen im Alter von acht bis zwölf Jahren. Es zeigte sich, dass viele dieser Mädchen bis zu sieben Stunden täglich in «sozialen Medien» wie «Facebook» oder «Whats-App» verbrachten.[398] Je mehr und je länger sie dies taten, um so seltener waren sie im realen Leben mit Freundinnen zusammen und desto einsamer und unglücklicher fühlten sie sich. Viele von ihnen sahen sich als Aussenseiterinnen und litten darunter.

Gefährdet für die Abhängigkeit von «sozialen Medien» sind vor allem jüngere Heranwachsende. Denn sie haben im Vergleich zu älteren noch wenig Gelegenheit gehabt, im realen Leben tragfähige Beziehungen zu Gleichaltrigen aufzubauen.[399] Durch die ständige Beschäftigung mit dem Internet fehlt ihnen dazu die Zeit. So verpassen sie die Gelegenheit, im realen Leben gleichwertige und stabile Freundschaften

---

[397] Digitale Spiele im Schulzimmer. Bildungsseite der Pädagogischen Hochschule Nordwestschweiz, www.fhnw.ch/ph/bildungsseite, 28.05.2016

[398] Pea Roy et al. Media Use, Face-to-Face Communication, Media Multitasking, and Social Well-Being Among 8- to 12-Year-Old Girls. Developmental Psychology No 48/2012, pp. 327–336

[399] Görig Carsten: Gemeinsam einsam. Wie Facebook, Google & Co. unser Leben verändern. Zürich 2011

aufzubauen. Dieser emotionale Entwicklungsrückstand kann ihr ganzes weiteres Leben negativ beeinflussen.

Trotz dieser bekannten Risiken propagiert die Bildungsdirektion Luzern «soziale Medien» als angebliche Möglichkeit, um soziales Verhalten zu üben:

> *«Social media [sind] für Kinder und Jugendliche eine Art Probebühne.» – «Dort sammeln sie Erfahrungen, testen Rollenverhalten und schauen, wie sie in ihrem Kollegenkreis ankommen.»*[400]

Mit diesen trügerischen Versprechungen werden Kinder, Eltern und Lehrer in die Irre geführt. Damit machen sich die Behörden mitschuldig an den Folgen.

Pädophile im Internet

Auch Pädophile bewegen sich im Internet. Gezielt suchen sie ihre Opfer in «sozialen Medien» und «Chatforen» von Online-Spielen und nützen dabei die Unerfahrenheit der Kinder aus. So lernte der 12jährige Paul aus Gunzgen im Kanton Solothurn den 35jährigen pädophilen Koch Werner C. aus Düsseldorf im Chat-Forum des Online-Spiels «Minecraft» kennen. Eines Tages verschwand Paul spurlos. Werner C. hatte sich mit ihm verabredet. Er war aus Deutschland angereist, um Paul zu treffen. Er entführte ihn nach Düsseldorf, sperrte ihn eine Woche lang in seiner Wohnung ein und missbrauchte ihn. Die Polizei stürmte Werner C.s Wohnung und befreite Paul.[401]

In Uster (ZH) verschwand ein 12jähriges Mädchen ebenfalls spurlos. Es wurde in einem Maisfeld gefunden, wo es von einem 21jährigen Mann aus Berlin missbraucht wurde. Der Täter hatte die Schülerin im Chat-Forum des Online-

---

[400] Die Schulen mit Zukunft. Tag der Volksschulen Kanton Luzern. 20.03.2014. Website des Bildungs- und Kulturdepartements des Kantons Luzern. https://volksschulbildung.lu.ch, 01.05.2016

[401] Deutscher Koch wegen Missbrauchs eines Solothurner Knaben verurteilt. Neue Zürcher Zeitung, 10.12.2016; Paul lernte Entführer in Game-Chat kennen. 20 Minuten, 27.06.2016

Rollenspiels «Wakfu» kennengelernt und sich dort mit ihr verabredet.[402]

Wie sollen Eltern ihre Kinder vor solchen Gefahren schützen, wenn die Schule sie täglich ans Internet heranführt? Die Behauptung, Schulcomputer seien sicher und würden den Zugang zu Spielen und Internet-Plattformen sperren, ist aus der Luft gegriffen. In Los Angeles knackten 300 Schüler innerhalb einer Woche die Software-Sperren ihrer Schul-Tablets und verschafften sich freien Zugang zu allen Bereichen des Internets.[403]

Datensicherheit – eine Illusion

Ein bis heute ungelöstes Problem der Schulcomputer ist die Datensicherheit. Die Betreiber der Schulsoftware speichern nicht nur die E-Mail-Adressen und Namen der Schüler, sondern auch ganze Schulkarrieren – inklusive Noten, Kommentaren zu Verhalten, Lernkurven, Absenzen, Zuspätkommen, produktive Arbeitszeiten und Tageszeiten, zu denen Schüler im Internet surfen. Solche «Schülerprofile» sind heiss begehrt. Nicht nur die Werbeindustrie, sondern auch zukünftige Versicherungen und Arbeitgeber sind an diesen Daten interessiert. Eigentlich dürfen Schulen Schülerdaten ohne ausdrückliche Zustimmung der Eltern gar nicht weitergeben.[404] Sie tun es aber trotzdem. Dabei ist laut «NZZ am Sonntag» unklar, ...

«... ob und wie die Tech-Giganten die Daten der Schüler für eigene Zwecke nutzten.» [405]

Konzerne greifen nach der Schweiz

Die Digitalisierung wird mit wechselnden Begründungen vorangetrieben. Eine neuerdings benutzte Argumentation der

---

[402] Verhängnisvolles Treffen im Maisfeld. Neue Zürcher Zeitung, 14.02.2017

[403] Schüler knacken iPad-Schutzsystem. Tablet-Pilotversuch in den USA. Spiegel, 01.10.2013

[404] Bundesverfassung Art. 13: Schutz der Privatsphäre und der persönlichen Daten

[405] Die Schonzeit an unseren Schulen ist vorbei. NZZ am Sonntag, 10.06.2017

Erziehungsdirektorenkonferenz lautet, die Schweiz müsse die Klassen aus Kostengründen vergrössern und den Unterricht deshalb digitalisieren:

«Neue technische Hilfsmittel erlauben Lehrern, grössere Klassen individuell und effizient zu unterrichten.»[406]

Diese Aussage machte Stefan Wolter, Direktor einer Zweigstelle der Erziehungsdirektorenkonferenz.[407] Dabei verschweigt Wolter, dass es ja gerade die Digitalisierung ist, welche die hohen Kosten verursacht.

Jürg Brühlmann, Kadermitglied des Lehrerdachverbandes (LCH), argumentiert ebenfalls mit den Kosten. Er empfiehlt gar die Übergabe der Lerninhalte an globale Computerkonzerne, weil dies angeblich kostengünstiger sei:

«Dank der Digitalisierung [ist] der individualisierte Unterricht auch an der Volksschule kostengünstig möglich.» – *«Grosse Konzerne werden in der Lage sein, digital und modular aufbereitetes Lernmaterial aus einer Hand anzubieten.»*[408]

Produktewerbung in der Schule

Diese von Jürg Brühlmann angekündigte Entwicklung findet bereits statt. So sponsert der südkoreanische IT-Konzern Samsung die Online-Lernplattform «Learnify», die speziell für den «Lehrplan 21» angepasst wurde.[409] Als Gegenleistung darf Samsung Werbung in den Schulbüchern machen und deren Inhalte mitbestimmen. So mussten Zweitklässler im Kanton Thurgau ein Suchwort in einem Lesetext erraten. Der Text lautet:

---

[406] Die himmlischen Verhältnisse an den Schulen gehen zu Ende. Schweiz am Wochenende, 22.07.2017

[407] Wolter leitet die «Schweizerische Koordinationsstelle für Bildungsforschung» (SKBF) der EDK.

[408] Die Schonzeit an unseren Schulen ist vorbei. NZZ am Sonntag, 10.06.2017

[409] Die Schonzeit an unseren Schulen ist vorbei. NZZ am Sonntag, 10.06.2017

4 Ein Fantasiewort erraten

① Finde heraus, welches Wort gesucht wird.
Trage deine Lösung unten ein.

Viele Kinder mögen den Simsung.
Manche haben sogar
ihren eigenen Simsung im Kinderzimmer.
Oft besitzen Familien sogar mehrere Simsungs.
Man kann alleine mit einem Simsung spielen
oder auch mit seinen Freunden.

Sogar in vielen Schulen gibt es Simsungs.
Wer zu Hause keinen Simsung hat,
kann in der Schule herausfinden,
wie man mit einem Simsung umgeht.
Auch viele Erwachsene benutzen Simsungs.
Oft arbeiten sie sogar damit. Der Simsung wird
von vielen Kindern nicht nur zum Spielen,
sondern auch zum Lernen benutzt.
Jeder Simsung hat eine Tastatur und eine Maus.

Es gibt sogar Simsungs,
die kann man überallhin mitnehmen.
Andere sind zu groß und schwer, die stehen dann
fest auf einem Tisch.

Ein Simsung ist ein

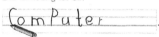

Computer.

> Mit meinem
> Simsung schreibe ich
> kleine Geschichten.

✂ 30   Lernportion 4: Textinhalte erfassen

Arbeitsblatt «Simsung» für die zweite Klasse im Kanton Thurgau
(Quelle: überreicht von Pascals Mutter, 2015)

*«Viele Kinder mögen den Simsung. Manche haben sogar ihren
eigenen Simsung im Kinderzimmer. Oft besitzen Familien sogar
mehrere Simsungs. Man kann alleine mit einem Simsung spielen
oder auch mit seinen Freunden.*

*Sogar in vielen Schulen gibt es Simsungs. Wer zu Hause keinen
Simsung hat, kann in der Schule herausfinden, wie man mit
einem Simsung umgeht. Mit meinem Simsung schreibe ich kleine
Geschichten.»*[410]

Die Lösung des Rätsels lautet – welche Überraschung! – «Ein
‹Simsung› ist ein Computer». Ist das der individuelle und
effiziente Unterricht, der Wolter und Brühlmann vorschwebt?

Online-Schulen für die Armen

In den USA unterrichten bereits viele Schulen nach Wolters
und Brühlmanns Vorstellung. Sie kommen praktisch ohne
Lehrer aus. Computerprogramme kontrollieren die Lernfort-
schritte der Kinder und wählen die jeweils nächsten Aufgaben
für sie aus. Obwohl eine Verschlechterung der Schulleistungen
in solchen «Online-Schulen» nachgewiesen ist, verbreiten sie
sich rasch, vor allem in Bezirken mit sozial benachteiligten
Schülern:

*«[Die Online-Schulen] verbreiten sich rasend schnell und zählen
bereits mehrere Millionen Schüler in den USA. Der Unterricht findet
entweder nur noch via Internetplattform oder teilweise online statt.
Eine Studie der University of Washington und der Stanford University zeigte aber, dass die Online-Schüler in Mathematik und Lesen
deutlich schwächere Leistungen erbrachten als andere Schüler.»*[411]

Es ist ein grosses Unrecht, Kinder solchen Methoden aus-
zusetzen. Man nimmt ihnen damit jede Chance, sich zu

---

[410] Das Lehrmittel heisst «Einsterns Schwester». Samsung heisst auf Koreanisch Dreistern.

[411] Die Schonzeit an unseren Schulen ist vorbei. NZZ am Sonntag, 10.06.2017

beziehungsfähigen und denkfähigen Menschen zu entfalten. Bewusst werden sie zur Manipuliermasse von Grosskonzernen gemacht. Für Kinder der Wohlhabenden hingegen stehen weiterhin gute Schulen zur Verfügung. Diese beschäftigen genügend Lehrer, denn die Verantwortlichen wissen sehr wohl, wie wichtig der Lehrer für den Lernfortschritt und die Persönlichkeitsentwicklung des Schülers ist.

Edel-Internate für die Reichen

So hat etwa das internationale Elite-Internat «Le Rosey» oberhalb des Genfersees im Kanton Waadt einen Lehrer-Schüler-Schlüssel von einem Lehrer auf drei bis vier Schüler. Die Kosten des Internats pro Schüler und Jahr betragen rund hunderttausend Franken. Die Schule verfügt über eine eigene Bibliothek, einen Konzertsaal, einen Yachthafen, einen Pferdestall und weitere Annehmlichkeiten. Solche Elite-Internate erleben zur Zeit einen regelrechten Boom.[412]

Privatschulen gab es in der Schweiz schon immer. Doch diese Entwicklung ist neu. Bisher war die Volksschule so gut, dass auch die oberen Schichten ihre Kinder gerne dorthin schickten. Bei uns blicken auch die meisten Bundesräte auf eine Zeit in der öffentlichen Volksschule zurück – ganz anders als in Ländern wie den USA oder England. Dort besuchen die Kinder der Politik-, Finanz- und Wirtschaftseliten fast ausschliesslich exklusive Privatschulen, die für Normalbürger unerschwinglich sind.

ETH Zürich – die beste Computer-Science-Universität der Welt

Noch belegen Schweizer Universitäten in internationalen Rankings Spitzenplätze. Die Eidgenössische Technische Hochschule (ETH) Zürich gilt als beste Computer-Science-Univer-

---

[412] Renommierte Schweizer Privatschulen sind auch in wirtschaftlich flauen Zeiten heiss begehrt. Neue Zürcher Zeitung, 07.01.2017

sität der Welt.[413] Und dies dank einem Lehrkörper, der noch vorwiegend ohne Computer ausgebildet wurde! Um digitale Technologie sinnvoll und zum Wohle der Menschen einzusetzen, braucht es gut ausgebildete, denkfähige Menschen.[414]

---

[413] Digitalisierung made in Switzerland. «Digitales Manifest» vor der Bewährungsprobe. Neue Zürcher Zeitung, 28.10.2017

[414] In Bezug auf digitale Technologien ist die Schweiz oft führend. So benutzte die Schweizer Textilbranche das computerunterstützte Design als erste auf der Welt, und der Digitaldruck war bei uns schon verbreitet, als in den USA erst Grossverlage ihn benutzten. Vgl. KMU brauchen keinen staatlichen Cyber-Schirmherrn. Neue Zürcher Zeitung, 21.12.2017

7. Psychologisierung und Sexualisierung der Schule

Eine ebenso fragwürdige Entwicklung wie die Digitalisierung ist die Psychologisierung und Sexualisierung der Schule. Sie findet unterschwellig schon länger statt. Mit dem «Lehrplan 21» soll sie vorangetrieben werden. Das Instrument dazu ist der erweiterte Kompetenzbegriff des «Lehrplan 21», der wie erwähnt auch «Bereitschaften, Haltungen und Einstellungen» einschliesst. Dazu der erwähnte Berner Pädagogikprofessor Walter Herzog:

> *«Ist es aber eine legitime Aufgabe der Schule, in die Persönlichkeit der Schülerinnen und Schüler einzugreifen und wahllos Dispositionen nicht-kognitiver Art auszubilden? Ich würde mit Bestimmtheit sagen: Nein, dies ist keine Aufgabe der Schule und kann nicht ihre Aufgabe sein. Der Lehrplan 21 weitet den Erziehungsauftrag der Schule unbegründet und unverhältnismässig aus.»*[415]

Manipulative Psychotechniken aus den USA

Tatsächlich schafft der erweiterte Kompetenzbegriff des «Lehrplan 21» Raum, um beliebige, nicht deklarierte Inhalte einfliessen zu lassen. Ein solcher Inhalt ist das amerikanische Psychoprogramm «Pfade» (S. 112). Die Abkürzung «Pfade» bedeutet «Programm zur Förderung Alternativer Denkstrategien». Dieses Programm wird Schulen mit Verweis auf den «Lehrplan 21» aufgedrängt:

> *«Im Lehrplan 21 spielen die überfachlichen Kompetenzen […] eine wichtige Rolle. Mit ‹Pfade› verfügen Sie an Ihrer Schule über ein Lehrmittel, mit dem diese überfachlichen Kompetenzen systematisch gefördert werden.»*[416]

---

[415] Herzog Walter: Kompetenzorientierung – eine Kritik am Lehrplan 21. Referat am Ausbildungssymposium der PH Luzern vom 7. Januar 2014

[416] Lehrplan 21 und Pfade: Förderung überfachlicher Kompetenzen, Januar 2017. www.gewalt prävention-an-schulen.ch/pdf/PFADE_Info_%20LEHRPLAN_21.pdf, 12.12.2017

Das Programm wird bereits in 140 Schulen mit über 1400 Klassen in mehreren Kantonen angewendet.[417] Es besteht aus einer Sammlung manipulativer Psychotechniken, die der umstrittenen «Gestaltpädagogik» entstammen (S. 34/35). Vermarktet wird «Pfade» von der amerikanischen Beratungsfirma Channing Bete Company unter dem Markennamen PATHS®.[418] Die Kosten werden von den Schulgemeinden getragen. Sie setzen sich zusammen aus den Auslagen für Unterrichtsmaterial sowie Honoraren für Weiterbildungen, Schulungen, Einzelcoachings und Elternabende durch «Pfade»-Experten.[419]

Was ist Pfade?

Was ist das Ziel des Programms? Angeblich soll es die Sozialkompetenz der Schüler verbessern. Was unter «Pfade» tatsächlich geschieht, schildert der Erstklässler Sven aus dem Kanton Zürich.[420] Sven ging bis zu den Sportferien mit Begeisterung zur Schule und lernte gerne. Doch seit einem halben Jahr ist er «schwierig» geworden und hat den «Schulverleider». Was ist los? Sven berichtet:

«Es hat an einem Donnerstag angefangen. Am Anfang der Stunde hing ein Plakat umgekehrt an der Wandtafel. Dann hat Frau F. es umgedreht. Da stand ‹Pfade› drauf. Dann hat Frau F. uns erklärt, was das ist: Wir müssten über Gefühle reden und uns Komplimente machen, sagte sie. Seitdem haben wir jeden Donnerstag Pfade. Frau F. fragt einen dann, wann man sich glücklich oder traurig fühle. Man muss etwas sagen, auch wenn man nicht aufstreckt. Dabei schaut sie einen so komisch an – ganz tief in die Augen. Mir wird schon halb schlecht, wenn ich ‹Pfade› höre.»[421]

---

417 Infomappe PFADE – Programm zur Förderung Alternativer Denkstrategien. Universität Zürich. www.gewaltprävention-an-schulen.ch/pdf/Infomappe_PFADE.pdf, 03.03.2017

418 PATHS® = Promoting Alternative Thinking Strategies. www.channing-bete.com/prevention-programs/paths/paths.html, 04.03.2017; Get to Know the Channing Bete Company. www.channing-bete.com/company-information/about-us.html, 04.03.2017

419 Infomappe PFADE. A.a.O.

420 Name des Kindes geändert

421 Persönlicher Bericht von Sven (Name des Kindes geändert) vom Juni 2012

Berechtigter Widerwille

Svens Widerwille gegen «Pfade» ist berechtigt. Denn das beschriebene Vorgehen ist ein unzulässiger Eingriff in seine Gefühlssphäre. In «Pfade»-Schulen wird von den Schülern sogar verlangt, dass sie in allen Lektionen Kärtchen mit Gesichtern vor sich aufstellen, die Gefühle wie Angst, Wut, Ärger, Glück oder Trauer zum Ausdruck bringen.[422] Mit dieser Technik werden die Kinder genötigt, ständig ihre Gefühle offenzulegen.

Ausforschen familiärer Verhältnisse

Auch die familiären Verhältnisse werden unter «Pfade» ausgeforscht. So mussten Kinder in der Schule erzählen, für welche Regelverstösse sie von ihren Eltern mit welchen Massnahmen bestraft werden.[423] In einer anderen «Pfade»-Klasse mussten die Kinder ihre Eltern fragen, wie diese mit ihren Gefühlen umgingen. Gleichzeitig forderte auch die Schulleiterin die Eltern dazu auf:

> «*Denken Sie daran, Ihrem Kind auch zu erzählen, wie Sie sich fühlen!*»[424]

Einige Eltern waren schockiert über diese Aufforderung. Doch sie getrauten sich nicht, die Anordnung der Schulleiterin in Frage zu stellen, denn schliesslich handelte es sich ja um eine «Fachperson». Sie glaubten, ihre spontane Abwehr sei Ausdruck ihrer «Verklemmtheit».[425] In Wirklichkeit handelte es sich um eine gesunde Reaktion auf einen unerlaubten Übergriff auf ihr Privat- und Familienleben.[426]

---

[422] Persönlicher Bericht von Eltern aus dem Kanton Zürich vom Juni 2012
[423] Persönlicher Bericht einer Mutter aus dem Kanton Zürich vom September 2014
[424] Brief der Schulleiterin von Thalheim (ZH) an die Eltern vom Februar 2013
[425] Ausdruck für Gehemmtheit
[426] Bundesverfassung Art. 13: Schutz der Privatsphäre

Aufgezwungene Streichelübung

Auch Zärtlichkeiten werden den Schülern mit «Pfade» aufgenötigt. So mussten sich Schüler in einer Zürcher Seegemeinde im Rahmen des «Pfade»-Unterprogramms «Kind der Woche» von allen Mitschülern mit einer flauschigen Feder über das Gesicht streicheln lassen. Einigen war das sehr unangenehm. Für schüchterne Kinder oder für solche, die gemobbt werden, können solche Streichelübungen das reinste Spiessrutenlaufen sein.[427] Auch Erwachsene lassen sich nicht gerne von jedermann streicheln. Mit solchen Übungen werden Kinder daran gewöhnt, sich Übergriffe auf ihre körperliche Integrität gefallen zu lassen. Damit wird ihr Risiko erhöht, zukünftig Opfer von sexuellen Übergriffen zu werden.

Sexualisierung – von oben verordnet

Noch fragwürdiger sind Programme, die den Schülern unter der Etikette «Sexualerziehung» aufgenötigt werden. Dabei geht es nicht um einen sach- und altersgemässen Aufklärungsunterricht mit dem Einverständnis der Eltern. Gegen einen solchen ist nichts einzuwenden.

Die offizielle «Fachstelle für Sexualpädagogik» des Zürcher Volksschulamtes namens «Lust und Frust» hingegen will mit ihrer Sexualpädagogik ausdrücklich das Ausleben einer «selbstbestimmten Kinder- und Jugendsexualität» fördern.[428] Auch die Pädagogische Hochschule Luzern unterstützt dieses Ziel. In einem sexualpädagogischen Grundsatzpapier vertritt sie die Auffassung, Kinder sollten schon früh lernen, ihre Sexualorgane als «Quelle neuer Lustgefühle» zu entdecken.[429]

Programme mit solchen Zielen werden häufig unter Stich-

---

[427] Persönlicher Bericht einer Mutter aus einer Zürichseegemeinde vom Februar 2013

[428] Unser Verständnis von Sexualpädagogik. Lust und Frust – Fachstelle für Sexualpädagogik und Beratung der Schulgesundheitsdienste der Stadt Zürich. www.lustundfrust.ch, 12.12.2017

[429] Grundlagenpapier Sexualpädagogik und Schule für die schweizweite Verankerung von Sexualerziehung in der Schule. Hrsg. Pädagogische Hochschule Luzern, dritte Auflage. Luzern 2011, S. 35

worten wie «Pubertätstag» oder «Verhütung sexueller Gewalt» durchgeführt – nicht selten mit gemeinsamen Übernachtungen im Schulzimmer und gegenseitigen Massageübungen.[430] Schon Kindergartenkinder müssen sich gegenseitig massieren – immer ein Knabe und ein Mädchen paarweise und unter Anleitung einer externen «Fachperson».[431] Anschliessend erhalten sie Arbeitsblätter mit einem Körperumriss. Darauf müssen sie mit roter oder grüner Farbe markieren, wo sie die Berührungen angenehm oder unangenehm fanden.[432] Die Eltern erfahren über solche Programme meist wenig bis nichts.

Eine Bombe in die Familie

Bereits in den 1990er Jahren erschien im Kanton Zürich ein Lehrmittel namens «Grenzen» – angeblich zur «Prävention sexueller Übergriffe». Kindergärtnerinnen wurden darin aufgefordert, den Kindern Geschichten wie die folgende zu erzählen:

> *«Stefan hat ein Geheimnis: Wenn seine Mutter weg ist, will der Vater, dass Stefan ihm den Penis streichelt. Manchmal berührt er auch Stefans Penis. Er sagt, er tue das, weil er Stefan ganz besonders gern habe. Der Vater sagt zu Stefan: ‹Das ist unser Geheimnis. Du darfst ja niemandem davon erzählen!›»*[433]

Nach dem Anhören dieser Geschichte müssen die Kinder mit der Kindergärtnerin über gute und schlechte Geheimnisse sprechen. Die Behauptung, es handle sich um Prävention von sexuellen Übergriffen ist haltlos. Allein das Vorlesen der Geschichte ist ein sexueller Übergriff. Fünfjährige können mit solchen Inhalten nicht umgehen und werden womöglich traumatisiert.

---

[430] Elterninformation zur Projektwoche «Sexualerziehung» in Spreitenbach (AG) für Zwölf-jährige vom 16.12. bis 20.12.1996 mit gemeinsamer Übernachtung im Schulzimmer

[431] Sexualunterricht im Kindergarten: Massieren ist hilfreich. Tages-Anzeiger, 24.05.2011

[432] Persönlicher Bericht einer Mutter im Kanton Zürich im Juni 2017

[433] Grenzen. Sexuelle Gewalt gegen Kinder und Jugendliche. Hrsg. Elementarlehrerin-nen- und Elementarlehrerkonferenz des Kantons Zürich 1992, S. 47

Als ein Film mit ähnlichem Inhalt in den Tessiner Schulen auftauchte, nahm der damalige Erziehungsdirektor Giuseppe Buffi klar dagegen Stellung und verbot dessen Aufführung. Buffi warnte:

«Mit diesem Film wird eine Bombe in die Familie gelegt, es wird Misstrauen gegenüber den Eltern, den Brüdern und Onkeln gesät.»[434]

Damit nahm der Tessiner Erziehungsdirektor seine gesetzliche Schutzpflicht wahr – ein Vorbild für seine heutigen Kollegen.

Pornographie als Unterrichtsstoff

Der «Lehrplan 21» hingegen geht in eine andere Richtung. Er öffnet solchen Praktiken Tür und Tor. So ist im «Lehrplan 21» das Sprechen über «Handlungen am Körper» durch Drittpersonen Pflichtstoff. Und das für Vier- bis Achtjährige![435]

Acht- bis Zwölfjährige müssen sich mit «sprachlichen Anzüglichkeiten, taxierenden Blicken, Berührungen und Gesten» durch Drittpersonen befassen,[436] während Oberstufenschüler über ihre «Rechte im Umgang mit Sexualität» aufgeklärt werden. Zudem müssen sie laut «Lehrplan 21» Pornographie, Promiskuität und Prostitution als Pflichtstoff durchnehmen. Ein weiteres Lernziel der Oberstufe besteht darin, «nicht diskriminierende Ausdrücke» für Homosexualität, Bisexualität und Transsexualität zu finden, obwohl dies die meisten Jugendlichen überhaupt nicht interessiert.[437]

Plüschvagina und Holzpenis

In Basel wurde vor einigen Jahren publik, dass den Kindergärtnerinnen ein «Sexkoffer» mit Plüschvaginas, Holzpenissen und entsprechendem Unterrichtsmaterial zur Verfügung ge-

---

[434] Nein zu «Sag nein» an der Schule. Tages-Anzeiger, 25.03.1994

[435] Lehrplan 21. Heft Natur, Mensch, Gesellschaft. Kompetenzaufbau 1./2. Zyklus, S. 1

[436] Lehrplan 21. Heft Natur, Mensch, Gesellschaft. Kompetenzaufbau 1./2. Zyklus, S. 1

[437] Lehrplan 21. Heft Ethik, Religionen, Gemeinschaft, S. 8

stellt wurde.[438] Als der Vorgang publik wurde, gab es schweizweiten Protest. Die Erziehungsdirektoren versicherten umgehend, der Sexkoffer würde nur auf der Oberstufe verwendet.[439] Doch eine angehende Kindergärtnerin berichtet:

> «Von wegen Plüschvagina und Holzpenis erst ab der Oberstufe. Ich bin angehende Kindergärtnerin. Gerade in diesem Semester hatten wir Annika Schiesser, Sexualpädagogin und Fachstellenleiterin der Aids-Hilfe Thurgau, als Dozentin an der Pädagogischen Hochschule. Wir bekamen unter anderem von ihr wärmstens empfohlen, genau Plüschvagina und Plüschpenis als Anschauungsmaterial zum besseren Verständnis der Kinder schon im Kindergarten zu gebrauchen.»[440]

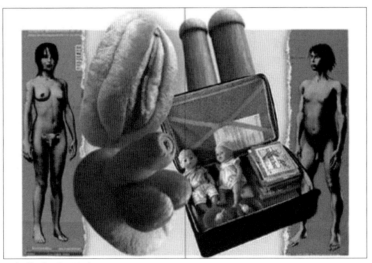

Sexkoffer für den Kindergarten

---

[438] Porno für Kindergärtler. Weltwoche Nr. 40/11

[439] Lehrplan 21: Keine Sexualerziehung im Kindergarten. Medienmitteilung der Deutschschweizer Erziehungsdirektorenkonferenz D-EDK, 16.06.2011

[440] Bühler Lea (Müllheim TG): Bewusst naiv? Leserbrief in der Thurgauer Zeitung, 22.06.2011

Traumatisierte Schüler

Ein aktuelles Lehrmittel, das von den sexualpädagogischen Beratungsstellen und den Pädagogischen Hochschulen empfohlen wird, heisst «Sexualpädagogik der Vielfalt».[441] Darin werden Anal- und Oralsex, Prostitution und sadomasochistische Praktiken als alltägliches Verhalten beschrieben.[442] Vierzehnjährige sollen sich gemäss dem Lehrmittel mit Sexspielzeugen für Lesben beschäftigen und Analsex im Rollenspiel darstellen.[443] Solche Übungen können Jugendliche so schwer traumatisieren, dass sie später nicht mehr in der Lage sind, gesunde Beziehungen zum anderen Geschlecht aufzubauen.

Als Nationalrat Sebastian Frehner (BS) verlangte, dass das skandalöse Lehrmittel aus dem Verkehr gezogen wird, hielt ihm Christian Amsler, Präsident der Deutschschweizer Erziehungsdirektorenkonferenz, entgegen:

«Die beschriebenen Praktiken sind etwas gar speziell, doch es gibt sicherlich […] Gründe, warum das Buch als empfehlenswert eingestuft wurde.»[444]

Ob der Erziehungsdirektor seine eigenen Kinder solchen Praktiken aussetzen würde? Vermutlich hält er es wie Tony Blair, der öffentlich Gesamtschulen propagierte, aber privat seine Kinder in Privatschulen schickte (S. 84). Oder wie die Chefs globaler IT-Konzerne, die den Schulen Computer aufdrängen, ihren eigenen Kindern aber deren Gebrauch verbieten (S. 148).

Sexualpädagogen in der Schule

Immer mehr Sexualpädagogen führen in Schulen «Sexualpädagogik»-Lektionen durch. Die Lehrer, die für das Wohl der Kinder während der Schule verantwortlich sind, müssen

---

[441] Protokoll des Regierungsrates des Kantons Zürich, Sitzung vom 02.09.2015

[442] Sexualpädagogik der Vielfalt. Praxismethoden. Weinheim und Basel 2012

[443] Schüler sollen Analsex in Theaterstück darstellen. 20 Minuten, 21.06.2016

[444] A.a.O.

die Klassenzimmer während diesen Stunden meist verlassen! Zum Teil schliessen die Sexualpädagogen mit den Kindern Vereinbarungen ab, dass sie mit niemandem über diese Lektionen sprechen dürfen![445] Im Kanton Aargau bespricht der Sexualpädagoge Thomas Hüni mit Schülern Fragen wie:

> *«Ab welchem Alter hat man Sex? Wieso wollen Menschen ihre Geschlechtsteile nicht zeigen? Wer hat das Kondom erfunden? Wieso wird der Penis steif?»[446]*

Hüni vertritt die Auffassung, Sexualpädagogen seien besser als Eltern geeignet, mit Schülern über solche Fragen zu sprechen:

> *«Sehr oft sind Eltern für Pubertierende nicht die populärsten und geeignetsten Ansprechpartner.»[447]*

Besuch der Sextante D.

Wie es den Schülern in solchen Lektionen tatsächlich geht, veranschaulicht der Bericht einer Schulklasse aus Baselland. Die Klasse erhielt Besuch von der «Sextante D.»:

> *«Zum zweiten Mal hat unsere Sekundarschule Binningen einen Pubertätstag [...] veranstaltet. Die Frau, die uns angeleitet und uns alles erklärt hat, ist uns eher negativ in Erinnerung geblieben. Wir hatten sie schon mal das Jahr zuvor bei uns gehabt. Damals erklärte sie uns das Thema Selbstbefriedigung und sagte uns, dass dies ein tolles Erlebnis wäre und wir das tun sollten. Dies fanden wir doch recht speziell, weil das Thema Selbstbefriedigung für uns als teilweise Zwölfjährige schlicht kein Thema war. Wir waren vielmehr sehr geschockt, dass uns jemand zu so etwas aufforderte.»[448]*

---

[445] Persönlicher Bericht der Mutter eines Sechstklässlers im Kanton Thurgau im Juli 2017

[446] Bei der Sexualerziehung sollten Schule und Eltern zusammenspannen. Neue Zürcher Zeitung. 21.11.2016

[447] A.a.O.

[448] Der Besuch der Sextante D. Basler Zeitung, 13.02.2014

Beim nächsten Besuch mussten die Mädchen Begriffe erklären wie Oralverkehr, Analverkehr und «Quickie» (schneller Sex), obwohl sie dies nicht wollten:

> «Manche von uns [wollten diese Begriffe] [...] aus Scham nicht erklären. Sie mussten es dann aber trotzdem tun.»[449]

Dabei vermittelte die «Sextante D.» den Mädchen den Eindruck, dass sie in ihrem Alter eigentlich schon sexuell aktiv sein müssten. Sie klärte die Schülerinnen über die Vorteile von «Penissen mit grossem Durchmesser» auf. «Es kommt auf die Dicke an, nicht auf die Länge», erklärte sie![450] Weiter beschrieb sie den Mädchen, wie man beim «Sex von hinten» mit der Hand nachhelfen könne, um einen stärkeren Orgasmus zu bekommen. Als Abschluss verteilte sie allen ein Kondom.[451]

Sexuelle Belästigung als Straftatbestand

Solche Lektionen sind strafbar. Laut Strafgesetzbuch ist das Zeigen von pornographischem Material oder das Äussern von sexuellen Ausdrücken gegenüber Personen unter 16 Jahren ein Straftatbestand, der mit Gefängnis bestraft werden kann.[452] Jugendliche und Eltern könnten gegen die betreffenden Sexualpädagogen und die verantwortlichen Schulbehörden Anzeige erstatten.

Gesunde Abwehrschranken niederreissen

Die Folgen einer solcher «Sexualpädagogik» können dramatisch sein. Tiefe Selbstzweifel und eine Verunsicherung darüber, was «normal» ist, können auftreten. Manche Kinder und Jugendliche beginnen an ihren eigenen Gefühlen zu zweifeln und glauben, solche Übergriffe seien normal. Denn schliesslich

---

[449] A.a.O.
[450] A.a.O.
[451] A.a.O.
[452] Schweizer Strafgesetzbuch, Art. 197

sind es ja Autoritätspersonen, die sie ihnen zumuten. Mit den beschriebenen Methoden werden gesunde Abwehrschranken niedergerissen, welche die Heranwachsenden schützen können, Opfer sexueller Gewalt zu werden.

Ein Keil zwischen Kinder und Eltern

Zudem wird mit solchen Lektionen ein Keil zwischen Kinder und Eltern getrieben. Denn viele Kinder und Jugendliche erzählen zu Hause nichts oder wenig von diesen Lektionen, weil sie sich zu sehr schämen oder weil sie mit dem Sexualpädagogen eine Schweigevereinbarung abgeschlossen habe. Auch befürchten viele zu Recht, dass ihre Eltern mit solchen Lektionen nicht einverstanden wären. Sie befürchten eine Intervention der Eltern in der Schule, was ihnen sehr peinlich wäre.

So wird den Heranwachsenden der Halt und die Orientierung bei den Eltern entzogen – und dies in einem Alter, in dem sie ganz besonders darauf angewiesen wären. Mit ihrer Verunsicherung bleiben sie deshalb allein und sind negativen Einflüssen von Medien und Gleichaltrigen schutzlos ausgeliefert.

Die Sexualkunde im beschriebenen Sinn wird oft mit dem Argument gerechtfertigt, sie würde Kinder und Jugendliche vor sexuellen Übergriffen schützen. Diese Behauptung ist wissenschaftlich nicht belegt. Daran ändern auch politisch motivierte Gerichtsurteile nichts. In Wirklichkeit ist die Sexualisierung ein inhumanes Projekt, das vor den Augen der Öffentlichkeit verborgen wird. Für alle Folgeschäden sind die zuständigen Politiker und Behördenvertreter voll zur Verantwortung zu ziehen.

8. Durchsetzungsmethoden

Der Widerstand gegen den «Lehrplan 21» war von Anfang an heftig. Er kam von Eltern, Lehrern, Wissenschaftlern und aus allen politischen Lagern. In der Broschüre «Einspruch» üben namhafte Schweizer Pädagogikprofessoren und weitere Persönlichkeiten Fundamentalkritik am «Lehrplan 21».[453] Der Ökonomieprofessor Mathias Binswanger fasst zusammen:

> «Der Lehrplan 21 atmet einen unseligen Geist.» – «Ich würde die Übung abblasen. Es macht keinen Sinn, etwas Schlechtes umzusetzen, nur weil es viel gekostet hat.»[454]

Diesem Ratschlag folgend, bildeten sich in vielen Kantonen Bürger-, Lehrer- und Elternkomitees, die Volksinitiativen gegen den «Lehrplan 21» lancierten. Sie verlangten, dass dieser Lehrplan den Kantonsparlamenten und Stimmbürgern vorgelegt werde.[455]

Bildungsdirektoren wollen Volk ausschalten

Doch dies wollten die Bildungsdirektoren auf keinen Fall. Sie behaupteten, die Bürgerinnen und Bürger seien nicht fähig, dieses komplexe Dokument zu beurteilen. Nur sie selbst und die von ihnen ernannten «Experten» seien dazu in der Lage:

> «Die Beurteilung eines Lehrplans ist schlicht eine Überforderung der Gesamtbevölkerung.»[456] – «Wenn es um Lehrpläne […] geht, braucht es Fachleute und nicht ein Parlament. Und schon gar nicht das Volk.»[457] – «Stellen Sie sich diese Debatte einmal vor.

---

[453] Pichard Alain & Kissling Beat: Einspruch – Kritische Gedanken zu Bologna, Harmos und Lehrplan 21. Orpund 2016

[454] Die Lehrer fühlen sich als Deppen. Interview mit Mathias Binswanger. Neue Luzerner Zeitung, 18.10.2014

[455] http://nein-zum-lp21.ch/kantone/, 12.12.2017

[456] Interview mit Bildungsdirektor Christian Amsler (SH). SonntagsZeitung, 06.12.2015

[457] Interview mit Bildungsdirektor Christoph Eymann (BS). Die Zeit, 16.11.2015

Von der Sexualkunde bis zur Unterrichtssprache würde alles durchdiskutiert.»[458]

In Wirklichkeit sind Bürger und Eltern sehr wohl in der Lage, über Grundsatzfragen wie Digitalisierung, «Individualisierung» oder Sexualisierung zu urteilen, wenn sie ehrlich und ausgewogen informiert werden. Schliesslich geht es um die Jugend und damit um die Zukunft der ganzen Gesellschaft.

Event mit Jazzband

Doch bis anhin fand von Seiten der Behörden keine ehrliche Information über den «Lehrplan 21» statt. Im Gegenteil wurde dieser Lehrplan in mehreren Kantonen bereits eingeführt, obwohl noch Abstimmungen darüber hängig waren, so zum Beispiel im Kanton Schaffhausen. Dort wurde die Einführung des «Lehrplan 21» als medienträchtiger Gross-Event inszeniert – mit Jazzband, aufwendigem Blumenschmuck und Moderation wie bei einer Fernsehshow. Die gesamte Bildungsprominenz des Kantons war anwesend. Für die Lehrerschaft war der Anlass obligatorisch. Hania Hansen, Prorektorin der Pädagogischen Hochschule Schaffhausen, stimmte wie folgt auf den «Lehrplan 21» ein:

«Wir unternehmen eine gemeinsame Lernwanderung, damit wir in der neuen Lernwelt des Lehrplan 21 ankommen.»[459]

Der Schaffhauser Erziehungsdirektor Christian Amsler dagegen behauptete:

«Der Lehrplan 21 ist [...] nur eine Festschreibung des Bestehenden.»[460]

---

[458] Interview mit Bildungsdirektor Bernhard Pulver (BE). Der Bund, 14.11.2015

[459] Hania Hansen, Prorektorin der Pädagogischen Hochschule Schaffhausen. Öffentliche Veranstaltung zur Einführung des «Lehrplan 21» im Kanton Schaffhausen, 02.05.2016

[460] Christian Amsler, Erziehungsdirektor des Kantons Schaffhausen. Öffentliche Veranstaltung zur Einführung des «Lehrplan 21» im Kanton Schaffhausen, 02.05.2016

Wenn aber der «Lehrplan 21» tatsächlich nur eine «Festschreibung des Bestehenden» wäre, warum müssten dann alle Lehrmittel umgeschrieben und alle Lehrer neu geschult werden?[461]

Tombola-Stimmung statt Sachdiskussion

Gleich zu Beginn der Schaffhauser Veranstaltung wurde jegliche Kritik am «Lehrplan 21» pauschal als «Mischung aus Unkenntnis und bewusster Fehlinformation» abgetan. Statt Gelegenheit zur Diskussion erhielten die Teilnehmer Kärtchen, auf die sie ihre Meinung schreiben mussten. Diese Kärtchen wurden anschliessend in schneller Folge mehrmals ausgetauscht und gruppenweise bewertet. Wie bei einer Tombola wurden am Schluss jene Kärtchen laut vorgelesen, die am meisten Punkte erhalten hatten. In dieser künstlich erzeugten Event-Stimmung wurde jedes ernste Nachdenken im Keim erstickt.

Meinungskontrolle mit E-Voting

Ähnliche Veranstaltungen fanden im Kanton Thurgau statt – auch dort wenige Monate vor der Abstimmung und im Stil pompöser Gross-Events mit mehreren hundert Teilnehmern. Auch im Thurgau war die gesamte Bildungsprominenz anwesend und die Teilnahme der Lehrer war obligatorisch. Beim Eintreffen erhielt jeder ein E-Voting-Gerät, das auf seinen Namen registriert war. So konnten die Anwesenheit und das Stimmverhalten jedes einzelnen lückenlos kontrolliert werden.

Während des ganzen Weiterbildungstages fanden immer wieder Abstimmungen statt. Zeitgleich wurden Säulendiagramme an die Grossleinwand projiziert, welche die Abstimmungsresultate zeigten. Dies erzeugte einen erheblichen Meinungsdruck. Zudem gingen Teams mit Kameras und Mikrophonen durch die Reihen und stellten einzelnen Teilnehmern Fragen. Auch diese Kurzinterviews wurden in Echt-

---

461 Lehrplan-Anhänger schaffen Tatsachen. Neue Zürcher Zeitung, 23.02.2016

zeit auf die Grossleinwand projiziert, was den Meinungsdruck verstärkte.[462]

Grundrechte wie der Schutz der Persönlichkeitssphäre, der Schutz der persönlichen Daten und das Recht auf freie Meinungsäusserung wurden an diesen Veranstaltungen verletzt. Die Tatsache, dass die Veranstalter gleichzeitig die Arbeitgeber der Teilnehmer waren, hielt viele Lehrer vermutlich davon ab, gegen die unerlaubten Übergriffe Klage zu erheben.[463]

Einseitige Abstimmungspropaganda

Ähnlich unfair verliefen die bisherigen Abstimmungen über den «Lehrplan 21». Sie waren geprägt von einseitiger Behördenpropaganda, was in der Schweiz verboten ist. Laut Bundesgericht ist es Behörden im Vorfeld von Abstimmungen nicht erlaubt, in die freie Meinungs- und Willensbildung der Bürger einzugreifen. Die Behörden dürfen zwar informieren, müssen aber den eigentlichen Abstimmungskampf den politischen und gesellschaftlichen Kräften überlassen. In einem wichtige Urteil hält das Bundesgericht dazu fest:

«Die Freiheit der Meinungsbildung schliesst grundsätzlich jede direkte Einflussnahme der Behörden aus, welche geeignet wäre, die freie Willensbildung der Stimmbürger im Vorfeld von Wahlen und Abstimmungen zu verfälschen […] Als verwerflich gilt unter anderem, wenn eine Behörde mit unverhältnismässigem Einsatz öffentlicher Mittel in den Abstimmungskampf eingreift.»[464]

Genau das aber taten viele Schulbehörden im Vorfeld der Abstimmungen über den «Lehrplan 21». Gemeinsam mit Schulleitungen machten sie mit Steuergeldern Propaganda gegen die Initiativen und für den «Lehrplan 21». Dazu die «Thurgauer Zeitung»:

---

[462] Persönlicher Bericht einer Thurgauer Lehrerin vom November 2016

[463] Bundesverfassung Art. 13 und 16: Schutz der Privatsphäre und der persönlichen Daten sowie der Meinungsfreiheit; Uno-Menschenrechtserklärung Art. 18: Gedanken- und Gewissensfreiheit

[464] Bundesgerichtsentscheid BGE 114 Ia 427ff.

*«In Berg und Wallenwil [TG] gehen die Schulbehörden besonders
weit. Sie hängen Plakate gegen die Schulinitiative auf dem Schulareal
auf. In Steckborn prangt sogar eines in einer Turnhalle. Von einem
Geländer herab fordert es Schüler und andere Turner dazu auf, beim
Urnengang vom 27. November Nein [zur Initiative] zu stimmen.»*[465]

Maulkörbe für Kritiker

Den Gegnern des «Lehrplan 21» hingegen standen alle diese
Informationskanäle nicht offen. Sie durften ihre Plakate nicht
neben diejenigen der Befürworter hängen. Zudem verschickten
Schulleiter E-Mails und Flyer an alle Eltern mit der Aufforderung,
gegen die Initiative und für den «Lehrplan 21» zu stimmen. Sogar offizielle Elternabende wurden für einseitige Abstimmungspropaganda missbraucht. Einige Schulen behaupteten, die gesamte Lehrerschaft stünde hinter dem «Lehrplan 21», obwohl
es unter den Lehrern erklärte Gegner des «Lehrplan 21» gab.
Diesen wurde verboten, sich öffentlich kritisch zu äussern.[466]

Ein fairer Abstimmungskampf war unter diesen Umständen
nicht gegeben. Ohne objektive und ausgewogene Information
ist keine freie und unbeeinflusste Meinungsbildung möglich.
Da die bisherigen Abstimmungen über den «Lehrplan 21»
einseitig verliefen, können sie nicht als gültig anerkannt werden. Die Abstimmungen müssten unter fairen Bedingungen
wiederholt werden.

Change Management für den Lehrplan 21

Zusätzlich zur einseitigen Abstimmungspropaganda und zu den
beschriebenen Gross-Events werden die Lehrer auch vor Ort in
ihren Schulen unter Druck gesetzt. So verfasste Schulpräsident
Markus Mendelin (S. 114) in der Jacobs-«Bildungslandschaft»
Amriswil unter dem Einfluss Ernst Buschors eine Anleitung

---

[465] Schulbehörden kämpfen mit allen Mitteln. Thurgauer Zeitung, 09.11.2016
[466] A.a.O.

zum «Change-Management für den Lehrplan 21». Diese Anleitung befindet sich seit 2014 auf der Homepage des Volksschulamtes Thurgau.[467] Sie erläutert detailliert, wie Lehrer unter Druck gesetzt werden sollen, damit sie dem «Lehrplan 21» zustimmen. Ein Vorgehen in drei Phasen wird empfohlen:

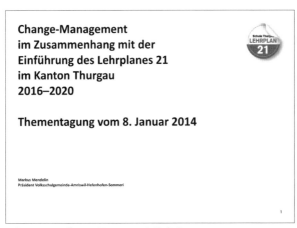

Anleitung zum Change-Management, Titelseite

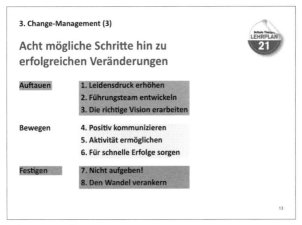

Anleitung zum Change-Management, Seite 13

---

[467] Change-Management im Zusammenhang mit der Einführung des Lehrplanes 21 im Kanton Thurgau 2016–2020. Thementagung vom 8. Januar 2014. Markus Mendelin. Präsident der Volksschulgemeinde Amriswil. www.schuletg.ch/library/WS19_Markus_ Mendelin_Praesentationsfolien.pdf, 13.01.2018

Leidensdruck erzeugen

In der ersten Phase, dem sogenannten «Auftauen», werden die Lehrer «offen» für Veränderungen gemacht. Dafür braucht es «externe Berater». Diese müssen in den Schulhäusern Evaluationen durchführen und dabei Mängel und «Nachholbedarf» aufzeigen. Dadurch wird den Lehrern ein Gefühl des Ungenügens vermittelt – es entsteht «Leidensdruck».[468] Um diesen «Leidensdruck» zu erhöhen, werden Ziele formuliert, die mit dem bisherigen Verhalten nicht zu erreichen sind.[469] So wird Veränderungsbereitschaft erzeugt.

Hindernisse beseitigen

Nun folgt die zweite Phase, das «Bewegen». In dieser Phase müssen aus Mitläufern «aktive Helfer» geformt und «Hindernisse» beseitigt werden – beispielsweise «Vorgesetzte mit der falschen Einstellung».[470] Denn, so die Anleitung:

> «Nichts ist hinderlicher als ein Vorgesetzter mit der falschen Einstellung.»[471]

Das bedeutet, dass Schulleiter und Schulpräsidenten, die dem «Lehrplan 21» nicht vorbehaltlos zustimmen, aus ihren Ämtern gedrängt werden – und das schon vor dessen Einführung! Das Vorgehen entspricht exakt den Methoden, die der deutsche «Schulreformer» Hans-Günther Rolff 1993 in Locarno propagierte (S. 97/98). Der damalige Erziehungsdirektor Ernst Buschor, heute Steuermann der Jacobs-«Bildungslandschaften», war einer der ersten, der sie umsetzte.

Laut Mendelins Anleitung folgt nun die Phase des «Festigens». In dieser soll die «Veränderungsbereitschaft» abgesichert werden. Lehrer, die immer noch kritisch sind, seien

---

[468] A.a.O., S. 5, 9, 13

[469] A.a.O., S. 14

[470] A.a.O., S. 22

[471] A.a.O., S. 21

allenfalls zu ersetzen, wird empfohlen. Dies gilt besonders für «über 50jährige Lehrpersonen, die sich an nichts Neues gewöhnen»[472] – also für Lehrer, die trotz «Change Management» ihrer pädagogischen Erfahrung treu bleiben:

«Manchmal ist der einzige Weg, eine Kultur zu verändern, ein personeller Wechsel.»[473]

Bereits 1999 empfahl der damalige Erziehungsdirektor Ernst Buschor Lehrern, die seinen umstrittenen «Schulreformen» nicht vorbehaltslos zustimmten, einen Stellenwechsel:

«Jeder, der mit dem Kulturwandel nichts anfangen kann, soll gelegentlich nach einer neuen Stelle Ausschau halten.»[474]

Verletzung von Grundrechten

Die obigen «Change-Management»-Methoden aus der Jacobs-«Bildungslandschaft» Amriswil sind rechtswidrig. Schulbehörden ist es nicht erlaubt, Lehrer durch Leidensdruck zu einer Einstellung zu drängen. Wie alle Bürger haben auch Lehrer das Recht auf eine eigene Meinung. Eine «falsche Einstellung» ist kein Kündigungsgrund! Dies unterstreicht der renommierte Staatsrechtsprofessor Paul Richli in einem wegweisenden Gutachten. Der Jurist betont darin die Meinungsfreiheit und die pädagogische Freiheit des Lehrers als unveräusserliche Grundrechte.[475]

Pestalozzi als Schutzwall

Die dargestellten Methoden zeigen, dass äusserer Druck allein nicht genügt, um unbeliebte «Schulreformen» wie den «Lehrplan 21» umzusetzen. Zusätzlich muss die Einstellung der Men-

---

[472] A.a.O., S. 32

[473] A.a.O., S. 25

[474] Ganz zum Schluss ein «Ungenügend». Neue Zürcher Zeitung, 09.03.2003

[475] Richli Paul: Grundrechtliche Aspekte der Tätigkeit von Lehrkräften. Aktuelle Juristische Praxis 6/93, S. 673ff.

schen beeinflusst werden. Die Öffentlichkeit soll glauben gemacht werden, es gäbe zum «Lehrplan 21» keine Alternative.

Diesem Plan steht die Pädagogik Johann Heinrich Pestalozzis im Wege. Denn seine Ethik und sein ganzheitliches Prinzip von «Kopf, Herz und Hand» ist mit dem digitalisierten und «individualisierten» Bildungsverständnis des «Lehrplan 21» unvereinbar.

Es ist deshalb kaum ein Zufall, dass ausgerechnet jetzt eine scharfe Diffamierungskampagne gegen den Pionier der Volksschule inszeniert wird. Noch ein halbes Jahr vorher berichtete die «Neue Zürcher Zeitung» sachlich und wertschätzend über Pestalozzi und würdigte seine Verdienste:

«Wir verdanken Pestalozzi in der Schweiz – und weit darüber hinaus – nicht nur die Volksschule, sondern auch das Bewusstsein, dass uns Bildung neue Welten eröffnet.» – «Heinrich Pestalozzi [...] [setzte] sich ganz im Geist von Jean-Jacques Rousseau für die Volksbildung ein [...]. Sowohl die intellektuellen als auch die handwerklichen Fähigkeiten der Kinder sollen dabei erkannt und geschult werden, ein topmoderner und ganzheitlicher Ansatz. – «Keine Swissness ohne Pestalozzi.»[476]

Die Kampagne gegen Pestalozzi

Im Juli 2017 verunglimpft dieselbe Zeitung Pestalozzi aufs übelste.[477] Gezielt erweckt sie den Eindruck, sie hätte neue Fakten über Pestalozzi gefunden. Das ist aber nicht der Fall. Bekanntes wird auf manipulative Weise mit negativen Andeutungen und falschen Zusammenhängen vermischt, so dass ein regelrechtes Zerrbild Pestalozzis entsteht. Auf diese Weise wird beispielsweise der Eindruck erweckt, er hätte Frau und Kind im Stich gelassen. Jegliche Beweise oder genaue Quellenangaben für diesen haltlosen Vorwurf fehlen. Die Autoren gehen so weit, Pestalozzi mit dem Massenmörder Stalin zu vergleichen

---

[476] Schweizer Rohstoff Bildung. Neue Zürcher Zeitung, 19.12.2016
[477] Pestalozzis dunkle Seiten. Neue Zürcher Zeitung, 07.07.2017

– eine unglaubliche manipulative Unterstellung und krasse Diffamierung![478]

Der Artikel wurde als Titelstory des Magazins «NZZ Geschichte» aufgebauscht und während Wochen mit ganzseitigen Inseraten in der «Neuen Zürcher Zeitung» beworben. Immer wieder wurde die hypnotisierende Botschaft wiederholt, Pestalozzi hätte «dunkle Seiten» gehabt.[479] Dem kritischen Leser stellt sich die Frage, wer wohl hinter dieser Kampagne steht und wer sie finanzierte.

Allgemeine Volksbildung gegen Macht und Willkür

Schon zu Lebzeiten hatte Pestalozzi neben vielen Freunden und Unterstützern auch Feinde. Immer ging es dabei um Pestalozzis Anliegen, allen Kindern zu einem gleichen Zugang zur Bildung zu verhelfen. Elitäre Kreise sahen dies als Gefahr für ihre eigenen Privilegien.[480] Deshalb kommentierten sie jeden Rückschlag Pestalozzis hämisch als «Versagen». Interessanterweise deckt das gleiche Heft «NZZ Geschichte» die Motive für die damalige Kampagne auf:

> «Volksbildung konnte gefährlich sein, weil sie das Machtmonopol der Obrigkeit bedrohte.»[481]

Wessen Machtmonopol wird heute durch die demokratisch verankerte Schweizer Volksschule bedroht?

Globale Computerkonzerne als Auftraggeber?

Ein Arrangement mit zwei Bildern – ebenfalls im gleichen Heft «NZZ Geschichte» – lässt die Antwort auf diese Frage erahnen. Links erkennt man ein Schulzimmer von früher, in dem alle

---

[478] Pestalozzi. Die dunklen Seiten des Vaters der Nation. In: NZZ-Geschichte, Juli 2017, S. 33

[479] Die Inserate mit dem Titel «Pestalozzis dunkle Seiten», erschienen am 18.07.2017, am 20.07.2017, am 31.07.2017, am 05.08.2017, am 15.08.2017, am 19.08.2017 und am 22.08.2017 in allen Teilen der Zeitung.

[480] Liedtke Max: Johann Heinrich Pestalozzi, S. 16 und 46f.

[481] Bildung für alle. In: NZZ-Geschichte, Juli 2017, S. 38

Schüler vor einer Schiefertafel sitzen. Rechts ist ein modernes Schulzimmer abgebildet in dem die Schüler an Computern lernen. Die Ähnlichkeit der Bilder ist frappierend.[482] Mit dem optischen Trick wird dem Betrachter vorgegaukelt, der Unterschied zwischen herkömmlicher und digitalisierter Schule sei gar nicht so gross. Solche Bildbotschaften sprechen direkt das Unbewusste an, der kritische Verstand wird umgangen.

Keine Swissness ohne Pestalozzi

Wenn die Digitalisierungs-Befürworter ehrliche Argumente hätten, würden sie nicht zu solch manipulativen Methoden greifen. Offensichtlich will sich die Computerbranche das Milliardengeschäft mit der Schweizer Volksschule nicht entgehen lassen.

Doch dank der direkten Demokratie können wir selbst über unsere Volksschule bestimmen. Pestalozzis Sicht einer allgemeinen Volksbildung mit «Kopf, Herz und Hand» ist auch heute noch wegweisend und topmodern. Keine Swissness ohne Pestalozzi![483]

---

[482] Bildung für alle. In: NZZ-Geschichte, Juli 2017, S. 42f.

[483] Schweizer Rohstoff Bildung. Neue Zürcher Zeitung, 19.12.2016

Ausblick

Die Arbeit an diesem Buch hat rund drei Jahre gedauert. In dieser Zeit fanden Entwicklungen statt, die vorher undenkbar schienen. So galt die Übernahme der Volksschule durch globale Konzerne vor kurzem noch als ausgeschlossen. Heute wird laut darüber nachgedacht:

> *«Die Volksschule in der Schweiz gilt als unantastbar. Doch damit könnte bald Schluss sein [...]. Eine weltumspannende, gewinnorientierte Bildungsindustrie breitet sich aus [...]. Diese Entwicklung wird vor der Schweiz nicht haltmachen.»*[484]

Der Ersatz des Lehrers durch Computer wurde noch vor kurzem als Übertreibung abgetan. Heute macht die Erziehungsdirektorenkonferenz selbst dafür Propaganda:

> *«Programme, die den Lernfortschritt jedes einzelnen Kindes festhalten [...], entlasten die Lehrpersonen ungemein.»*[485]

Und dies, obwohl – wie in diesem Buch aufzeigt – das Lernen am Computer das Bildungsniveau senkt, den Kindern schadet und sie womöglich zu abhängigen, manipulierbaren Persönlichkeiten macht. Insgesamt führen die beschriebenen «Schulreformen» mit dem «Lehrplan 21» zu einer Entsolidarisierung und Spaltung der Gesellschaft. Denn immer mehr Eltern, die es sich leisten können, werden ihre Kinder in Privatschulen schicken. Der Historiker Carl Bossard warnt vor dieser Entwicklung.

> *«Wenn sich Kinder an Privatschulen zunehmend separieren, fehlt uns etwas, was für den Schweizer Staat zentral ist: die soziale Durchmischung.»*[486]

---

[484] Die Schonzeit an unseren Schulen ist vorbei. NZZ am Sonntag, 10.06.2017

[485] Die himmlischen Verhältnisse an den Schulen gehen zu Ende. Schweiz am Wochenende, 22.07.2017 (Stefan Wolter, der im Artikel zitiert wird, gehört, wie auf S. 158 erwähnt, zum Kader der EDK)

[486] Boomende Privatschulen. Radio SRF, 30.06.2017

Der Lehrplan 21 ist kein Schicksal

Die Schweizer Volksschule ist zusammen mit der direkten Demokratie gewachsen. Seit Pestalozzi liegt ihr der Gedanke zugrunde, wache und mündige Bürger zu erziehen, die in Gesellschaft und Staat mitwirken können. Es gehört zur Tradition der Schweiz, dass jedes Kind – ob Arztsohn, Handwerkertochter oder Arbeiterkind – den gleichen Zugang zur Bildung hat. Die öffentliche Bildung ist bei uns bis hin zur Hochschule praktisch kostenlos. So stehen jedermann alle Bildungswege offen. Damit erreicht unser Schulsystem ein Niveau, das weit über dem internationalen Durchschnitt liegt. Die Schweiz hat allen Grund, ihrer Volksschule Sorge zu tragen. Undurchsichtige Steuerungsversuche wie der «Lehrplan 21» sind zurückzuweisen.

Mündige Bürger und direkte Demokratie

In erster Linie braucht die Schweiz eine breite und ehrliche Diskussion über die zentralen Aufgaben der Volksschule. Es braucht ein Aufwachen und Mitdenken aller. Für Bildungspolitiker braucht es Mut, Fehlentwicklungen zu benennen, denn Kritik an den «Schulreformen» kann karriereschädlich sein. Deshalb ist für Politiker ein breiter Rückhalt in der Bevölkerung wichtig. Mutige Bürgerinnen und Bürger müssen vorangehen. Auch Anzeigen oder Klagen gegen rechtswidrige Praktiken (S. 163–181) sind zu erwägen. Wichtig ist, dass Eltern, Lehrer, Bürger, Wissenschaftler, Behördenvertreter und Politiker zusammenwirken. Keine dieser Gruppen kann den Veränderungsprozess allein bewirken.

Vielfältige Möglichkeiten

Noch gibt es unzählige Lehrer, die nichts lieber täten, als ihre Erfahrung an jüngere Kollegen weiterzugeben. Die bewährten Lehrpläne und Lehrmittel sind alle noch vorhanden. Falls nötig, könnten sie leicht überarbeitet und angepasst werden.

In Modellschulen und Übungsschulen könnten junge Lehrer lernen, wie man – im Sinne Pestalozzis – den Stoff mit den erprobten Lehrmitteln systematisch gliedert und einen erfolgreichen Klassenunterricht gestaltet. Solche Projekte, bei denen ich gerne mithelfen würde, müssten politisch begleitet und unterstützt werden, beispielsweise durch Volksinitiativen oder Referenden. So könnte das Bewährte unserer Volksschule erhalten, wieder aufgebaut und konstruktiv weiterentwickelt werden.